Bonsai für Einsteiger

Das Praxisbuch:
Wie Sie den für Sie richtigen Bonsai auswählen, aufziehen, zuschneiden und pflegen

Haruki Tanaka

ISBN: 978-3-969300855

Email: info@edition-lunerion.de
www.edition-lunerion.de

Psiana eCom UG
Berumer Str. 44
26844 Jemgum

INHALT

Vorwort

In vielerlei Hinsicht ist die asiatische Welt nach wie vor mystisch für unsere westlichen Breitengrade. Sicherlich haben auch Sie das eine oder andere Bild im Kopf, wenn Sie an Asien denken. Vielleicht ein chinesisches Restaurant, einen tibetanischen Tempel, vielleicht auch Bilder aus dem neuzeitlichen Nahost oder von einer Parade mit kunstvollen Drachenkostümen.

Mit dem Begriff „Bonsai" verbinden Sie sicherlich einmal die kleinen Bäume, die alle für unser botanisches Verständnis etwas merkwürdig aussehen. Vielleicht haben Sie hierbei auch einen kleinen asiatischen Mann mit langem, weißem Bart vor Augen, der irgendwelche Lebensweisheiten vor sich hin brabbelt und mit kleinem Werkzeug pedantisch an seinem Baum herumschneidet.

Was Sie vielleicht irgendwo in Ihren Erinnerungen versteckt haben, ist, dass Bonsai eine Kunstform ist. Allerdings keine Art, die man studieren muss – jeder kann es erlernen, einen schönen Bonsai sein Eigen zu nennen und ein eigenes Kunstwerk zu erschaffen. Die Arbeit an den Pflanzen ist jedoch nicht nur eine Kunst, sondern auch heilsam für die Seele, der Baum selbst ist ein Begleiter, teils über Generationen hinweg, und die Arbeit daran ist ein Lebenswerk.

Begleiten Sie mich nach Fernost, in eine Kunst der Botanik, Meditation und Selbsterkenntnis, die Ihnen so bisher nicht bekannt war!

Die Bonsai-Kunst

Sie haben Interesse an einem Bonsai für Ihren privaten Garten oder Ihr Büro? Vielleicht haben Sie bereits eine kleine Idee davon, was diese Kunstform mit sich bringt, vielleicht sind Sie aber auch vollständiger Einsteiger in der Thematik: So oder so sind Sie hier genau richtig. Wir haben uns mit all den Fragen befasst, die man sich stellen sollte, wenn man Interesse an dieser Freizeitbeschäftigung hat, und wir haben die Antworten gefunden, die Sie brauchen.

Sie werden hier auf Informationen treffen, die Ihnen helfen werden, die richtige Wahl zu treffen, Ihren Bonsai korrekt zu pflegen und ihn zu heilen, sollte er aus unterschiedlichen Gründen gesundheitliche Herausforderungen haben. Nachdem Sie einen kurzen Einblick erhalten haben, wie die Bonsai-Kunst sich so weit in unsere westliche Welt einschleichen konnte, und was dahinter steckt, dass man einen großen Baum klein hält, werden Sie eine kleine Baumkunde erhalten.

Hierbei lernen Sie nicht nur wichtige Hintergrundinformationen über verschiedene Baumfamilien, sondern Sie erhalten auch einen Überblick, welche Baumarten sich wie pflegen und trainieren lassen. Im Anschluss daran finden Sie ein Kapitel über die Grundlagen der Bonsai-Kunst, in dem es darum geht, welche Möglichkeiten Sie haben und wie Sie Ihren Bonsai oder Ihre Bonsais kunstvoll in Ihrem Zuhause platzieren können. Natürlich dürfen die Grundlagen für die Erstausstattung und die Pflege eines Bonsais nicht fehlen und so erhalten Sie detaillierte Kenntnisse über Pflege, Erkrankungen und Techniken.

Vielleicht haben Sie nun Sorge, dass ein Bonsai etwas mehr Verantwortung ist, als Sie bewerkstelligen können... Lassen Sie sich von der Flut der Informationen nicht entmutigen, denn auch, wenn es viele Dinge zu beachten und einige komplizierte Trainingsmethoden gibt, so existieren auch einige sehr einfache Formen und leicht handzuhabende Baumarten, die auch in Ihrem Alltag Platz finden.

Die Wahrscheinlichkeit ist hoch, dass Sie nach der ersten Zeit mit dem ersten Bonsai bereits einen zweiten möchten, um sich auszuprobieren und Ihre Fertigkeiten zu testen, daher halten wir Sie nun nicht länger auf und wünschen Ihnen viel Freude mit Ihrem neuen Natur-Kunst-Projekt.

Die Philosophie der asiatischen Gartenkunst

Sie haben bisher gelesen, dass es sich um eine Kunst handelt, um eine Möglichkeit zur Selbstfindung, um eine Art der Meditation und um ein botanisches Handwerk. Nun, werden das Züchten und Bearbeiten von Bonsais auch noch als Philosophie dargestellt? Sicherlich. Nahezu alle Praktiken, Freizeitaktivitäten, medizinische Behandlungen und Lebensweisheiten aus Fernost haben etwas mit Philosophie zu tun.

Im Vergleich zu unserer sehr rationalen und direkten westlichen Denkweise verstehen die Asiaten, darunter speziell Inder, Koreaner, Chinesen und Japaner, wesentlich mehr davon, hinter die Dinge und Phänomene der Welt zu blicken. Nicht ohne Grund sind es für uns nach wie vor mystische und mythische Länder. Gewiss, einige der neueren Erfindungen wie Mangas und Tamagotchis dienen schlichtweg der Unterhaltungsindustrie, aber die traditionellen Dinge haben alle einen tieferen Hintergrund. Lassen Sie uns eine kleine Reise unternehmen. Auf dieser Reise möchte ich Ihnen zeigen, wie viel Mehrwert Ihnen die Zucht eines Bonsais bringen kann, als nur Ansehen Ihres Umfeldes für die Geduld, die Sie mitbringen.

WAS STECKT DAHINTER?

Noch vor wenigen Jahren war die Kunst der Bonsai-Bäume etwas Abstraktes in unseren Breitengraden. Nur ausgebildete Spezialisten, meist noch asiatischer Herkunft, kannten sich mit der Kunst aus und konnten prachtvolle Bonsais und Gebilde mit diesen heranzüchten und gestalten. Die Bonsai-Zucht war eine Kuriosität, eine abstrakte Kunst, deren Verständnis dem normalen Bürger fern blieb. Mittlerweile sickert jedoch immer mehr durch, dass jeder sich mit dieser Form der Kunst befassen kann, denn es handelt sich nicht um den Ablauf komplizierter Vorgänge, sondern um eine Philosophie, eine Lebenseinstellung und eine Art Selbsterkenntnis, einen Bonsai zu gestalten.

Zwar können nach wie vor sehr teure, bereits bearbeitete Bonsais erstanden werden und es gibt auch nach wie vor sehr begabte Künstler, die Geld mit diesen Pflanzen verdienen, allerdings sind so viele Pflanzen für diese Kunstform brauchbar, dass jeder sich einen Baum kaufen oder im Wald sammeln und einen Bonsai daraus machen kann. Die Bedeutung des japanischen Wortes selbst ist einfacher, als man glauben möchte: Bonsai, auch Bonzai, bedeutet nichts anderes als „Baum in einer Schale“.

Japanisches Schriftzeichen für Bonsai

So einfach kann es sein, sich mit dieser Kunst zu beschäftigen, allerdings steckt doch einiges mehr dahinter, denn es handelt sich nicht einfach um irgendwelche Bäume, sondern um Miniaturen. Bei der Bonsai-Kunst geht es darum, mit der Pflanze etwas auszudrücken und/oder einen großen, so in der Natur vorkommenden Baum nachzustellen. Dabei wird der Baum selbst, gleich, welcher Art er auch sein mag, meist nicht größer als ein Meter. Es handelt sich jedoch nicht um kleinwüchsige Bäume, deren Genetik durch Zucht manipuliert wurde, sondern um Bäume, die derart auch in der freien Natur zu finden sind. Diese werden jedoch mittels bestimmter Techniken klein gehalten.

Man mag glauben, dass es kaum möglich wäre, einen normalwüchsigen Baum in der Größe zu halten, allerdings wird mittels Schneiden, Pinzieren und Drahten der Baum in die gewünschte Größe und Wuchsrichtung gelenkt, sodass die angestrebte Form erreicht wird. Die Bearbeitung des Bonsais nennt man Training. Dazu sind bestimmte Techniken und Werkzeuge notwendig, die Sie zu einem späteren Zeitpunkt kennenlernen werden.

EINE KURZE HISTORIE

Wenngleich mittlerweile diese Gestaltungstechnik als japanisch bezeichnet wird, entstammt sie ursprünglich der chinesischen Welt. Die Idee von Miniatur-Landschaften oder Dingen, die diesen ähneln, ist älter als die christliche Zeitrechnung. Ursprünglich begann man damit, die sogenannte Insel der Seligen aus Räucherschalen nachzubauen. Hierbei wurde in einer Schale ein Berg nachgestellt, aus dem Rauch kam, hauptsächlich von verbrennendem Weihrauch. Der Part um diesen Miniatur-Berg herum war mit Wasser aufgefüllt, um den Berg aussehen zu lassen, als würde dieser aus einem Meer oder See ragen. Später kamen weitere Ideen hinzu, die andere Landschaften darstellten, darunter auch die berühmten asiatischen Steingärten.

Die buddhistischen Mönche, deren Naturverbundenheit Ihnen bekannt sein dürfte, hatten die Idee, mehr Natur in ein Haus zu bringen. Da begannen sie, Bäume so kleinwüchsig zu halten, dass diese in einer mehr oder weniger kleinen Schale in Innenräumen und kleinen Gärten gehalten werden konnten. So entstand die Bonsai-Kunst bereits vor der Geschichte Christi. Sie entwickelte sich im Laufe der Jahre wesentlich weiter. Man begann, mit verschiedenen Arten zu experimentieren.

Über die Zeit wurden verschiedene Tiere oder abstrakte Formen aus den Bäumen geformt, teils wurden die Gewächse auch dem Wildwuchs überlassen und verblieben dabei in den kleinen Schalen, um nicht größer zu werden. Der Gedanke hinter kleineren Gegenständen, in diesem Fall kleineren Bäumen, war, dass die Bonsais nicht als ästhetischer galten als die großen Bäume, sondern als energetischer. Dadurch, dass an einem Bonsai alles in gleicher Menge und Form vorhanden ist, wie an einem normal gewachsenen Baum, glaubten die Mönche, dass die mystischen und spirituellen Kräfte der Pflanzen in gleichem Maße vorhanden, durch das kleinere Gefäß jedoch konzentrierter waren. Somit übten Bonsai-Bäume seit jeher eine Faszination auf die Menschen aus.

Grabmalereien, die auf den Beginn des 8. Jahrhunderts datiert werden können, zeigen sogenannte „Spielereien auf einem Tablett", im Original Pun wan, bei denen Landschaften in flachen Schalen dargestellt wurden. Diese Kunst entwickelte sich später weiter zu Pun-Tsai, übersetzt „Pflanzung auf dem Tablett", was sich ein weiteres Jahrhundert später, nämlich im 17. Jahrhundert, zu der sogenannten Tablett-Landschaft Penjing entwickelte. Dies sind Teile der Bonsai-Kunst, da hierbei immer wieder die Miniatur-Bäume eingesetzt werden, um die Landschaften realistisch zu gestalten.

Parallel dazu entwickelte sich die Bonsai-Kunst, bei der es ausschließlich um die Bäume ging. Ende des 12. Jahrhunderts kam neben zahlreichen anderen Dingen auch die Kunst der Bonsai-Zucht nach Japan. Dies geschah über die Verbreitung innerhalb der buddhistischen Klöster. Dort verblieb die Kunst noch eine Zeit lang, wurde dann jedoch von den Reichen immer weiter entdeckt. So wurden Bonsais zu einem Statussymbol. Diese konnten wie in Galerien ausgeliehen und zu Hause aufgestellt werden. Zeitweilig ließen die Menschen nur einen Baum in einem kleinen Topf wachsen, ohne viel daran zu arbeiten, andere wiederum bearbeiteten die Bäume kunstvoll.

Die Bearbeitung dieser Zeit bezieht sich jedoch eher auf das Züchten kleinwüchsiger Bäume in Pflanzschalen und Töpfen, nicht auf das kunstvolle Beschneiden und Trainieren derselben. Man stellte die Bäume in seinem Haus aus, um Kultur und Geschmack zu beweisen. Schriftstücke und Gemälde aus dieser Zeit beweisen, wie sehr die Bonsai-Kunst als Statussymbol in dieser Zeit besonders in Japan zunahm. Somit war derzeit die Präsentation im Mittelpunkt, also das Drumherum der Bonsais. Dies änderte sich mit der Zeit, jedoch lediglich als Zweig der Kunst. Somit entwickelte sich die Bonsai-Zucht in verschiedenen Richtungen.

Ein Zweig war die Kunst nur mit dem Bonsai, andere Zweige legten ebenso ein Augenmerk auf den Platz um den Bonsai herum, entweder die Dekoration im Hintergrund, also die Präsentation des gesamten Raumes, sodass Regal, Wände und andere Bonsais kunstvoll drapiert wurden, oder die Fläche direkt am Baum wurde künstlerisch verziert. Vorerst wurden dabei Naturlandschaften angeordnet, sodass es wie ein Wald, eine Wiese, ein Teil des Gebirges oder ein Ausschnitt eines Sees oder Flusses gestaltet wurde. Die Präsentation der Bonsais in Landschaften eingebettet nennt sich Pun-Sai und hat sich bis heute weiterentwickelt, da mittlerweile auch Städte-Landschaften konstruiert werden.

Die ersten, sich regelmäßig wiederholenden Ausstellungen begannen kurz vor dem 19. Jahrhundert, dabei unter anderem in Kyoto. Dies war der Beginn einer Verschiebung des Augenmerks: Der Fokus verschob sich langsam auf das handwerkliche Geschick anstatt auf die geistige Bedeutung hinter den Bonsais. Das lag unter anderem darin begründet, dass die Schalen, in denen die Bäume gepflanzt wurden, immer flacher wurden, womit ein gewisses Können in der Botanik bewiesen wurde, denn je flacher die Schale ist, desto weniger Platz haben die Wurzeln. Mit wenigen Wurzeln einen relativ großen Bonsai in abstrakten Formen zu züchten, ist eine Kunst. Eine weitere Folge dieser Ausstellungen war die teilweise Kommerzialisierung der Bonsai-Zucht, denn es wurden nicht nur weiterhin Techniken, Schalen und Werkzeuge optimiert, sondern seither gibt es Kataloge und anderweitige Vermarktungen der Miniatur-Bäume. Auf diese Weise wurde die Kunst weiter verbreitet und immer mehr Menschen fanden eine neue Freizeitbeschäftigung im Training von Bonsai-Bäumen.

Wie Sie zu einem späteren Zeitpunkt sehen werden, sind nicht nur traditionelle Baumarten aus Asien in der heutigen Bonsai-Kunst vertreten, sondern auch einheimische Pflanzen, teils sogar Sträucher, die ebenfalls in Miniatur gezüchtet und trainiert werden. Dieser Umstand ist der Tatsache geschuldet, dass die Kunst auch Ausländern nahe- und beigebracht wurde. Nicht selten ist der Import exotischer Pflanzen illegal und/oder sehr kostspielig, weshalb man auf die Idee kam, auch einheimische Gewächse zu nutzen. So kam es, dass sogar Mammutbäume in Form von Bonsais existieren.

DIE EINFLÜSSE DES ZEN-BUDDHISMUS

Der Zen-Buddhismus ist eine besondere Form des buddhistischen Glaubens. Er ist ebenso friedlich und harmonisch wie der allgemeine Buddhismus, enthält jedoch den Zusatz, dass keinerlei Bewertung existiert. Alle Gegensätze sind hinfällig, keine Bewertungen finden statt zwischen gut, böse, hell, dunkel, laut oder leise. Mit dieser Sichtweise der Welt werden alle Dinge und alle Taten schlicht auf die bloße Existenz reduziert. Diese Philosophie wurde auch auf die Kunst übertragen, sowohl auf die bildliche als auch auf die gestalterische und musikalische. Für die Zucht der Bonsai-Bäume bedeutet dies ebenfalls die Reduktion auf das Wesentliche: die Existenz. Durch den Zen-Buddhismus gestalteten die Künstler die Bäume nur mit dem Nötigsten, sodass alle Blätter, Äste und Zweige entfernt wurden, die nicht Teil des Kunstwerks sein sollten. Aus diesem Glauben entstammt die Tradition, dass ein Bonsai nicht in der Mitte seiner Schale gepflanzt werden sollte, da sich hier Himmel und Erde treffen; der Mittelpunkt des Gefäßes stellt somit den Mittelpunkt des Universums dar. Zen-Mönche versuchten so, mit der Bonsai-Kunst einen Bonsai allein in einer Schale zu pflanzen, um das gesamte Universum darzustellen.

Baumkunde

Nachdem Sie nun etwas über die Geschichte und die Bedeutung der Bonsai-Kunst gelernt haben, kommen wir zur Baumkunde. Hier sollen Sie die wichtigsten Grundlagen zur Pflege der unterschiedlichen Arten kennenlernen. Dabei wird zwischen immergrünen und nicht immergrünen und Laub- und Nadelgehölzen unterschieden. Hier soll es grob um die Familien der Gehölze gehen. Detailliertere Angaben finden Sie später in den Kapiteln zu den einheimischen und asiatischen Gehölzen.

DIE BONSAI-FAMILIE

Wenn Sie Bonsai-Familie in einer Suchmaschine eingeben, werden Sie die Community der Bonsai-Züchter finden, die in regem Austausch darüber steht, welche Baumarten genutzt werden können, wie bestimmte Herausforderungen angegangen werden können und welche Trainingsversuche oder Pflegehinweise ausprobiert werden (sollten). Diese Community ist auch im deutschsprachigen Raum sehr groß, sodass Sie, sofern Ihnen dieser Ratgeber nicht mehr weiterhelfen kann, viel Hilfe und Zuspruch von Gleichgesinnten finden können.

Bezüglich der Pflanzen gibt es keine grundlegende Familie, da mittlerweile nahezu alle Bäume und Sträucher für Bonsais genutzt werden. Dennoch gibt es einige Familien innerhalb der Laub- und Nadelbäume, deren Mitglieder nahezu vollständig für die Bonsaizucht genutzt werden. Dazu gehören neun Familien:

---

1. Die sicherlich wichtigste Nadelbaumfamilie für die Bonsaizucht sind die Mitglieder der Pinaceae, also der Kieferngewächse. Dazu zählen nicht nur diejenigen Baumarten, die das Wort Kiefer (Pinus) beinhalten, sondern beispielsweise auch die Tannen, im Fachlichen jeweils mit Abies beginnend, die Fichten, fachlich Picea, Lärchen (Larix) und die Douglasie (Pseudotsuga). All diese Nadelbäume haben gemein, dass Sie zwar – bis auf die Lärchen – immergrün, aber dennoch etwas empfindlich sind, was die Umstände anbelangt. Kaum ein Mitglied dieser Familie verträgt Trockenheit, aber alle benötigen rundherum an allen Ästen Sonne, damit die Nadeln und Äste nicht absterben. Weiterhin vertragen die Nadeln keinen eisigen Wind, weshalb die Kieferngewächse stets windgeschützt, erhöht und sonnig stehen sollten.

---

2. Als weitere wichtige Familie der Nadelbäume sind die Eiben und deren Verwandte aus der Familie der Taxaceae zu nennen. Diese Gewächse haben keine einzelnen oder in Gruppen stehenden Nadeln wie die Kieferngewächse, sondern zusammenhängende, oft schuppige Nadeln. Im Gegensatz zu den anderen Nadelbäumen können Eiben auch in den Hokidachi-Stil gebracht werden. Außerdem vertragen diese Gehölze auch einmal ein etwas schattigeres Plätzchen, sie sollten jedoch nie ganz ohne Sonnenlicht sein.

3. Der dritte Teil der Nadelbäume sind die Zypressengewächse, die in der Fachsprache auch Cupressaceae genannt werden. Zu dieser Familie gehören Zypressen, Lebensbäume, der Mammutbaum und Wacholder. Besonders der Wacholder ist eine beliebte Baumart für den Bonsai. Einige der Gewächse sollten lediglich bei Plusgraden draußen stehen, da ein Großteil dieser Pflanzen aus warmen Regionen stammt. Lediglich die Wacholder gelten als winterhart, wobei sich bei diesen wie bei allen Zypressen bei zu strenger Kälte die Nadeln rötlich-braun verfärben.

4. Unter den Laubbäumen sind die Rosaceae, die Rosengewächse, von besonderer Bedeutung für die Bonsaizucht, da innerhalb dieser Familie auch Obstbäume, wie beispielsweise Apfel- oder Birnbäume, vorkommen. Nicht zu verwechseln sind diese allerdings mit den Kernobstgewächsen. Zu den Rosengewächsen zählen neben den Ihnen bekannten Obstbäumen (Apfel, Kirsche, Birne, Quitte etc.) auch Weißdorne, Mispeln, Mehlbeeren und die Eberesche. Aus dieser Familie können aber nicht nur die als Baum erkennbaren Mitglieder wie der Holzapfel für die Bonsai-Zucht genutzt werden, auch einige Rosensträucher wurden mittlerweile in Miniaturform gebracht und als Bonsai gezeigt.

5. Die Ulmengewächse, die Ulmaceae, sind vollständig als Bonsai geeignet und können sogar als Indoor-Bonsais gehalten werden. Sie vertragen kaum Temperaturen unter 8 °C und sollten daher in jedem Fall im Innenraum überwintern.

6. Eine ähnlich wichtige Laubbaumfamilie sind die Buchen, in der Fachsprache Fagaceae. Diese sind jedoch absolute Outdoor-Bonsais, wobei sie direktes Sonnenlicht nicht dauerhaft abbekommen sollten, da sich dann die Blätter verfärben.

7. Aber auch die Salicaceae, die Weidengewächse, haben mittlerweile ihren festen Platz in der Bonsai-Zucht erhalten. Dazu zählen neben unterschiedlichen Weide-Arten auch die Pappeln, die sehr schöne Ergebnisse erzielen.

8. Die Oleaceae, die Ölbaumgewächse, sind größtenteils für diejenigen von Ihnen interessant, die Interesse an einem blühenden Bonsai haben, denn in dieser Familie befinden sich Flieder, Liguster und Forsythie, aber auch die Eschen, die imposante Gebilde ergeben.

9. Als kleinste Familie gelten die Ginkgo-Bäume, die sogenannten Ginkgoaceae, da diese Familie nur aus einem Mitglied besteht: dem Ginkgo-Baum. Der Ginkgo ist eher selten, da er in freier Natur kaum noch vorkommt. Allerdings ist er sehr pflegeleicht, achtet man darauf, dass er immer ausreichend, aber nicht zu viel Wasser bekommt. Einziger Nachteil: Der Ginkgo ist in seinem Stil sehr eigen und lässt sich kaum zu bestimmten Formen trainieren, Sie können ihn jedoch beschneiden und somit in der Zwergform halten.

GRÖßENKLASSIFIKATION

Man unterscheidet zwischen insgesamt 10 verschiedenen Größen zwischen 3 und 203 Zentimetern, wobei in manchen Ratgebern nur Größen bis etwa 1,50 m angegeben sind. Dabei wird Ihnen auffallen, dass einige Arten sich gelegentlich in den Größenangaben überschneiden. Diese Überschneidungen beziehen sich auch auf die Breite und das allgemeine Gewicht des Bonsais. Die Größenangaben gelten jeweils für den Baum selbst ohne Schale. Bei der Klassifikation spielt außerdem die Detailtreue eine wichtige Rolle, denn je kleiner der Bonsai ist, umso größer ist der Aufwand; besonders dann, wenn man darauf achtet, dass das Laubdach dicht und die Blätter dennoch klein sind. Es gibt quasi keine Baumarten, die sich besser oder schlechter für eine Größe eignen: Sie können sogar kleine Früchte an einem Shito züchten oder die Früchte eins Imperials in normaler Größe.

Größenklassifikation	In Zentimetern	Anmerkung
Keshitsubo	3 bis 8	in einer Hand mit Topf und Erde tragbar
Shito	5 bis 10	mit einer Hand tragbar
Mame	5 bis 15	mit zwei Händen tragbar
Shohin	13 bis 20	detaillierter als Komono
Komono	6 bis 25	
Katada-Mochi	25 bis 46	
Chiu / Chumono	41 bis 91	
Dai / Omono	76 bis 122	
Hachi-uye	102 bis 152	
Imperial	152 bis 203	

ARTEN

Die einheimischen Nadelgehölze

Im Grundschulunterricht lernte man Nadel- und Laubbäume kennen und sollte diese auch unterscheiden können; dieses Wissen kommt Ihnen nun wieder zugute, denn spätestens, wenn Sie in den nächst–besten Wald gehen, um sich Samen oder Inspiration zu verschaffen, werden Sie diese Kenntnisse brauchen, um zu erkennen, vor welcher Baumart Sie stehen.

Man unterscheidet zwischen Laubwäldern, Nadelwäldern und Mischwäldern. Je nach Region und Höhenmeter finden Sie hier unterschiedliche Baumarten. Wichtig ist, dass Sie nicht in jedem Wald Bäume mitnehmen dürfen, denn es ist nicht nur eine Tatsache, dass einige Flächen in Privatbesitz sind, sondern es stehen auch einige Flächen unter Naturschutz, meist wegen der tierischen Bewohner. Informieren Sie sich vorab über die Regeln im nächstgelegenen Wald, bevor Sie losziehen, um sich einen Bonsai zu besorgen.

Wenn Sie nun unterwegs sind, werden Sie einige sehr interessante Nadelhölzer finden:

- **Douglasie:** Die Douglas-Tanne gehört erst seit etwa Mitte des 19. Jahrhunderts zu den einheimischen Gewächsen. Zu dieser Zeit wurde Sie aus Nordamerika in unsere Breitengrade gebracht. Sie wird normalerweise bis zu 140 Jahre alt und bis zu 100 m hoch. In der Pflege ist die Douglasie eher anfängerfreundlich. Sie ist sehr kälteresistent, lediglich der Wurzelballen braucht ein wenig Schutz vor sehr niedrigen Temperaturen und eine Douglasie sollte nicht in eiskaltem Wind stehen. Auch sonst ist diese Baumart verhältnismäßig anspruchslos; der Boden sollte wenig kalkhaltig sein, eher lehmig und nicht zu steinig. Sie lässt sich ganzjährig verdrahten, allerdings ist es in der kalten Jahreszeit besser, da zu dieser Zeit weniger

Nadeln beschädigt werden können. Die Pseudotsuga menziesii eignet sich gut für die streng aufrechten Stile. Gelegentlich ist es möglich, bei einem jungen Baum einen mehrstämmigen Stil zu züchten.

Die Douglasie hat eine Rinde, die eher jung wirkt, da diese meist glatt und ohne Furchen ist. Die Rinde trägt ein kräftiges Braun und die Baumkrone ist dreieckig, da die Äste von unten nach oben kürzer werden. Die Nadeln sind auf der Oberseite eher grünlich, auf der Unterseite der Länge nach grün-grau-gestreift. Daran und an den rot-braunen, bis zu 10 cm langen Zapfen können Sie die Douglasie gut erkennen. Sie finden den Baum nicht im Schatten, sondern meist in direktem Sonnenlicht oder an leicht schattigen Plätzen.

○ **Eibe:** In diesem Fall ist die Gemeine Eibe gemeint, also die Taxus baccata. Diese finden Sie leider kaum noch in freier Natur, dabei jedoch hauptsächlich in Österreich und den dortigen Grenzgebieten. Charakteristisch für die Eibe ist, dass diese eher in der Breite als in der Höhe auswächst; weiterhin ist die Taxus baccata ein gemütliches Gewächs, das sich viel Zeit lässt. Damit ist es zwar nicht wenig anfängerfreundlich, allerdings ist eine Zucht aus dem Samen eine wahre Prüfung Ihrer Geduld. Eine der Besonderheiten dieser Pflanze ist, dass sie nur nadelähnliche Blätter hat, sie sind also lediglich so geformt. Weiterhin trägt die Eibe giftige, rote Beeren von etwa einem Zentimeter Größe. Diese Eigenschaft ermöglicht es Ihnen, einen besonderen Bonsai heranzuzüchten. Wie auch die Japanische Eibe eignet sich die Gemeine Eibe für nahezu alle Stilarten, da sie sehr robust und leicht zu verdrahten ist. Sie sollte nur etwa alle drei bis vier Jahre im Frühjahr umgetopft werden. Eiben vertragen auch sehr niedrige Temperaturen und in wärmeren Jahreszeiten nehmen diese es auch nicht persönlich, wenn sie im Schatten stehen. Dabei müssen Sie jedoch ein noch langsameres Wachstum in Kauf nehmen. Auch sonst sind

Eiben pflegeleichte Zeitgenossen. Sofern Sie jedoch einen Fruchtstand wünschen, sollten Sie mit der Beschneidung und dem Entfernen von Nadeln oder Knospen bis nach der Blütezeit warten. Der Boden darf aus einer Mischung von gleichen Teilen Akadama und Bonsaierde bestehen, bei älteren Eiben auch gern vollständig aus Akadama.

○ **Fichte:** Zahlreiche Arten der Picea tummeln sich im europäischen Raum, insgesamt etwa um die 50 verschiedenen. Diese eignen sich alle für die Bonsai-Zucht und sind durchaus beliebt, unter anderem, weil sie nahezu für alle Stile geeignet sind. Weiterhin sind die verschiedenen Arten auch für die Ansiedlung von mehreren Bonsais gemeinsam geeignet und viele Sorten vertragen auch kargen, steinigen Boden, weshalb die Kaskaden-Stile mit der Fichte gut durchführbar sind. Bei einer Fichte sollten Sie im Sommer darauf achten, dass stets aus–reichend Wasser zur Verfügung steht, jedoch keine Staunässe droht; in den kalten Monaten sollten eisiger Wind und Wurzelfrost vermieden werden, da sonst Nadeln und Wurzeln schnell Schaden nehmen. Außerdem ist in den kalten Zeiten etwas weniger Wasser notwendig und gut, damit der Frost weniger Angriffsfläche hat. Um eine schöne Optik zu erhalten, sollten Sie beim Beschneiden außerdem darauf achten, dass die dicht stehenden Äste sich nicht gegenseitig verdecken. Die Fichte ist somit als Bonsai etwas zeit–intensiver, da oft viele Zweige und Äste beschnitten und die übrigen für die gewünschte Form gedrahtet werden sollten, sofern dies nötig ist. Das sollte vor dem Austrieb stattfinden, so nimmt der Baum weniger Schaden. Die Verdrahtung kann bis zu einem Jahr bestehen bleiben. Optisch lässt sich die ohnehin schon rissige Rinde gut älter machen, auch die graubraune Farbe trägt ihren Teil dazu bei, dass der Bonsai älter und möglicherweise erhabener wirkt. Sie erkennen eine Fichte an den circa 15 mm langen, stechenden Nadeln und den bis zu 15 Zentimeter langen Zapfen.

○ **Lärche:** Dieses bis zu 40 Meter hohe Mitglied der Kiefernfamilie wirft im Herbst seine Nadeln ab, nachdem diese gelblich geworden sind. Die graubraune Rinde verleiht diesen Pflanzen bereits ein älteres Aussehen und kann mithilfe von Narben und anderen Mitteln auch noch mehr künstlich altern. Die in unseren Breitengraden ansässige Larix decidua ist etwas anspruchsvoller als die Japanische Lärche (Larix kampferii), kann jedoch in nahezu alle Stile geformt werden. Dennoch sollten Sie bei dieser Art darauf achten, dass der Nährboden ganzjährig gleichmäßig feucht ist und Sie erst ab Mai bis September alle 2 bis 3 Wochen mit Düngemitteln arbeiten.

Auch beim Beschneiden verzeihen die Lärchen Ihnen einiges. Dies ist auch notwendig, da die Äste wie bei der verwandten Kiefer oft sehr dicht stehen. Da die Schnittstellen fast immer vollständig verheilen, ist diese Art besonders für Anfänger geeignet, da ein Verschnitt nicht zwangsweise zu unerwünschten Narben führt und Lärchen stark austreiben, sodass auch ein fälschlich entfernter Zweig schnell nachwächst. Eine Verdrahtung können Sie tätigen, sobald junge Triebe etwas ausgehärtet sind; diese sollte jedoch nicht mehr als 6 Monate an Ort und Stelle bleiben. Wie bei allen Nadelbäumen sollten Sie auch bei Lärchen die Neutriebe und Nadeln mit den Fingern oder einer Pinzette entfernen, da sonst unschöne braune Schnittstellen entstehen. Sie erkennen die Lärche an den runden bis eiförmigen Zapfen und den maximal drei Zentimeter langen, grünen und weichen Nadeln.

○ **Thuje:** Die Thuje oder auch Thuja ist Ihnen vielleicht eher unter dem Namen Lebensbaum bekannt. Der fachliche Name lautet Thuja occidentalis. Die Thuje gehört zu den Zypressengewächsen und wenn Sie schon einen Lebensbaum gesehen haben, wissen Sie, dass die Nadeln eher wie gefächerte Blätter aussehen. Weiterhin halten wir Sie dazu an, immer Handschuhe beim Umgang mit dieser Art zu tragen, da alle Arten von Lebensbäumen giftig für Menschen und Tiere sind. Dennoch ist es möglich, wirklich exzellente Bonsais aus dieser Art zu kreieren. Die Nadeln sind schuppig und aus einem zarten Hellgrün bis hin zu einem satten Grün. Weiterhin vertragen diese Pflanzen alle Lichtverhältnisse sehr gut, sie sollten jedoch, damit sie gut wachsen, viel Licht erhalten, aber nicht zu hohe Temperaturen. Im Sommer sollten Sie daher auch für etwas Schatten für Ihre Pflanze sorgen.

Die Thuje verzeiht sehr viel. Nimmt Sie jedoch Schaden oder wird sie geschwächt, verfärben sich die Nadeln rötlich-braun. Sehen Sie ein derartiges Anzeichen im Winter, stellen Sie sicher, dass die Erde Ihres Bonsais nicht gefroren ist. Sehen Sie diese Anzeichen hingegen im Sommer, prüfen Sie den Wasserstand, stellen Sie die Pflanze in den Halbschatten oder Schatten und prüfen Sie sie gründlich auf Schädlinge. Ein Lebensbaum sollte nur alle zwei bis drei Jahre umgetopft werden, besser dann, wenn der Wurzelballen den Topf vollständig ausfüllt. Diese robusten Pflanzen verzeihen den einen oder anderen Fehler und vertragen auch Verschnitte.

Eine Verdrahtung können Sie zu jeder Jahreszeit vornehmen, was besonders schön ist, denn alle Stile können mit dieser Sorte realisiert werden. Allerdings wachsen die Thujen auch in die Breite, worauf Sie ein besonderes Augenmerk legen sollten, falls diese Eigenschaft dem von Ihnen gewünschten Stil widerspricht. In diesem Fall ist es sinnvoll, wenn Sie die jungen Triebe direkt mit den Fingern anknipsen, um den Lebensbaum schlank zu halten.

o **Wacholder:** Ebenfalls aus der Zypressen-Familie stammt der Gemeine Wacholder, auch bekannt als Juniperus communis. Diese Art ist robuster als beispielsweise der Chinesische Wacholder und kann daher sehr gut von Anfängern genutzt werden, die sich aufrechte, halb aufrechte, mehrstämmige oder Kaskadenformen wünschen.

Die nicht piksenden Nadeln erzeugen wunderschöne Gebilde. Sie sind kreisrund um die Äste angeordnet und zeigen meist nach außen. Junge Nadeln sind nadelförmig und glatt, ältere Nadeln werden schuppig. Wie Ihnen bekannt sein dürfte, trägt der Wacholder Früchte, was Ihnen die Chance auf eine besondere Optik bietet. Achten Sie jedoch darauf, dass Sie die Früchte nicht beschädigen und verdrahten Sie daher nur in den Herbst- und Wintermonaten.

Um Ihren Wacholder möglichst lange genießen zu können, sollte dieser in kalten Monaten viel Licht erhalten, im Sommer jedoch besonders an heißen Tagen im Halbschatten stehen. Wenn Sie sich für einen Wacholder entscheiden, so sollte dieser in seiner ersten Dekade jährlich im Frühjahr umgetopft werden. Da er Ihnen auch dann nicht eingeht, wenn Sie einen etwas gröberen Wurzelschnitt vornehmen, ist der Wacholder besonders anfängerfreundlich. Bezüglich der Erdmischung ist zu sagen, dass Sie zwischen 20 und 30 % Bimskies mit Bonsaierde vermengen sollten, um Staunässe zu vermeiden. Der Wacholder ist anfällig für Pilze und Wurzelfäule, was durch Staunässe begünstigt wird. Achten Sie daher stets darauf, dass die Drainage einwandfrei läuft. Sofern Ihr Bonsai befallen ist, helfen Sie ihm mit den später beschriebenen Maßnahmen. Einige Tage ohne Wasser verträgt der Juniper sehr gut, weshalb Sie lieber einmal zu wenig als zu viel gießen sollten.

○ **Kiefer:** Sie haben bereits einige Mitglieder der Pinaceae, der Kiefernfamilie, kennengelernt, hier soll es nun allgemein um die einheimischen Arten gehen. Dazu gehören die Waldkiefern, die Bergkiefern, die Schwarzkiefern und einige andere.

Sie finden diese in verschiedenen Färbungen von sattem Grün bis hin zu einem bläulich-grauen Ton der Nadeln. Alle Kiefern gehören zu den eher aufwendigeren Bonsais, da diese oftmals stur und ein wenig zimperlich in der Haltung sind.

Eines der wichtigsten Kriterien für diese Pflanzen ist das Licht. Erhalten Nadeln, Zweige und Äste der Kiefer zu wenig davon, antwortet der Baum darauf mit einem Absterben der weniger beleuchteten Teile. Bezüglich der Stilarten lässt sich sagen, dass Kiefern alles ermöglichen, wenn man ausreichend Geduld und Willensstärke mitbringt. Allerdings ist auch ein Fantasie-Stil möglich, bei dem Sie mit Verdrahtung und Beschneidungen experimentieren und bizarre Formen erschaffen. In jedem Fall sollten Sie darauf achten, dass die Erde gleichmäßig feucht ist, wobei auch etwas Dürre einer Kiefer nicht schadet. Um die Nadeln jedoch kurz und der Größe Ihres Bonsais angemessen zu halten, sollten Sie während der Wachstumsphase der Nadeln etwas weniger gießen. Dementsprechend sollten auch Düngemittel, am besten Flüssigdünger, erst nach dem Austrieb eingesetzt und etwa Ende August wieder abgesetzt werden.

Wenn Sie schneiden möchten, jedoch wenig bis keine Narbenbildung wünschen, dann nutzen Sie die Gelegenheit im Winter. Der Boden für eine Kiefer sollte zu 2 Teilen aus Mineralerde, zu 3 Teilen aus Kiryuerde und zu 5 Teilen aus Akadama bestehen, um den idealen Nährboden für die Kiefer zu gewährleisten. Ein Umtopfen sollte nur etwa alle zwei oder drei Jahre erfolgen, wobei Sie sich dafür einen Termin im März, April, September oder Oktober freihalten sollten.

o **Weißtanne:** Ebenfalls zur Familie der Kiefern gehört die Abies alba. Dieses Gewächs mit seinen bis zu 50 Metern Höhe trägt satt grüne, etwa 3 cm lange Nadeln, deren Unterseite zwei charakteristisch helle Längsstreifen tragen. Bei jungen Pflanzen finden Sie eine gräulich-glatte Rinde, die in späteren Jahren schuppig wird. Um möglichst lange Freude an Ihrer Weißtanne zu haben, sollten Sie zu jeder Jahreszeit darauf achten, dass der Bonsai keinen Extremen ausgesetzt ist.

Tägliches Gießen kann bei dieser Baumart notwendig sein, da diese keine Trockenperiode, aber auch keine Staunässe verzeiht. Allerdings belohnt die Pflanze Sie für diesen Arbeitsaufwand damit, dass Sie alle Stile mit ihr ausführen können. Ebenso erfreulich ist, dass diese Bäume selten von Pilzen befallen werden, nach Läusen sollten Sie jedoch regelmäßig Ausschau halten.

○ **Zirbelkiefer:** Unter anderem kennt man diesen Nadelbaum auch unter Zirbe, Zirbel oder Arve – je nach Region, in der man aufgewachsen ist. Fachlich ist der Nadelbaum als Pinus cembra bekannt. Eine der Besonderheiten ist neben der bläulich-grünen Färbung der Nadeln, dass diese zu fünft an einer Basis stehen und bis zu 10 cm lang werden. Mit diesem Aussehen lassen sich kreative Ideen verwirklichen, die beispielsweise bei anderen Nadelbäumen nicht möglich wären.

Weiterhin ist die Zirbel sehr gut für Anfänger geeignet, da dieser Baum bezüglich des Bodens sehr anspruchslos ist. Mehr Anspruch stellt die Arve an die Lichtversorgung, hier gilt, dass zu jeder Jahreszeit genügend Licht zur Verfügung stehen muss, da die Pflanze sonst die im Schatten liegenden Äste absterben lässt. Am besten stellen Sie Ihren Zirbel-Bonsai mitten in den Garten auf einen Hocker, Tisch oder ein Regal, damit auch die unteren Äste und Zweige stets genug Licht erhalten.

Wenn Sie zusätzlich den Boden gleichmäßig feucht halten und Staunässe verhindern, belohnt Sie diese Art damit, dass Sie jeden Stil nach Ihrem Gutdünken kreieren können. Im Winter und in regnerischen Phasen müssen Sie lediglich darauf achten, dass die Wurzeln nicht austrocknen und sich das Regenwasser nicht staut. Eine Überwinterungsstrategie für die Zirbelkiefer ist nicht notwendig, da diese vollständig winterhart ist. Auch in Bezug auf das Training gleicht die Zirbelkiefer den anderen Kiefern, was die Zeiten anbelangt, in denen Sie drahten, umtopfen und beschneiden können. Wenn Sie beschneiden, lassen Sie stets etwa 1 Zentimeter des beschnittenen Teils stehen.

Die einheimischen Laubgehölze

○ **Birke:** Besonders bekannt ist die Weißbirke, die Betula alba, deren Heimat die nordischen, kalten Gefilde sind. Somit ist es nicht verwunderlich, dass Birken besonders winterharte Gehölze sind. Birken lassen sich in der Natur leicht finden und ergeben schöne und bisher seltene Bonsai-Bäume. Die charakteristisch weiße Rinde macht diesen Baum optisch zu einer Besonderheit, die sicherlich eine Ergänzung zu Ihrem Bonsai-Garten geben kann. Ein echter Pluspunkt für die Birke ist auch, dass diese bezüglich der Böden sehr anspruchslos ist. Allerdings hat sich diese Baumart noch nicht als Bonsai durchgesetzt, weil die Birke oft Äste abwirft. Dies lässt sich auch nicht verhindern, ist jedoch für das Training eines Bonsais eine negative Eigenschaft, die das Training stark erschwert. Durch diese Gegebenheit ist es besser, aufrechte oder geneigte Stile zu wählen, die jedoch auch in kleineren Gruppen sehr gut aussehen.

Für die Pflege einer Birke ist es wichtig, dass Sie ausreichend gießen, aber Staunässe unbedingt verhindern, da das Sterben der Äste sonst verstärkt auftritt. Auch benötigt eine Birke viel Sonne und kann allgemein gut auf einem freien Platz stehen, wo sie auch Wind und Regen abbekommt. Wenn die Temperaturen längere Zeit sehr heiß sind, sollten Sie die Birke ein wenig in den Schatten stellen, damit die Blätter keinen Schaden nehmen. Gern können Sie im Frühjahr und Sommer alle zwei Wochen mit Flüssigdünger der Birke etwas Gutes tun. Der Astschnitt sollte jedoch im Winter erfolgen, weil die Birke im Frühjahr zu viel Wasser verliert.

Da die Blätter jedoch erst im Frühjahr austreiben, sollten Sie den Blattschnitt nur vornehmen, wenn Sie Baumwachs parat haben. Etwa die Hälfte der jungen Blätter kann abgetrennt werden, allerdings sollten die Schnitte umgehend versiegelt werden, um Flüssigkeitsverlust zu vermeiden. Trotz der sehr schnellen Wurzelentwicklung ist ein Umtopfen nur alle zwei bis 4 Jahre notwendig. Dieser Vorgang findet am besten im März statt, wobei der Wurzelschnitt nur etwa 25 % des Ballens kosten sollte.

○ **Blumenhartriegel**: Unter den 45 verschiedenen Arten der Blumenhartriegel, fachlich Cornus, befinden sich neben schlichten grünlich-gelben Blüten auch rosa, weiß oder gelb blühende Arten. Bedauerlicherweise haben sich diese Sträucher bisher nicht als Bonsai-Baum durchgesetzt, weshalb kaum Jungpflanzen zu bekommen sind. Mit etwas Arbeit können Sie jedoch entweder eine ältere Pflanze durch gutes Training in Form bringen oder mit der Technik des Luftschichtens neue Setzlinge aus älteren Pflanzen züchten.

Der Blumenhartriegel mag den Halbschatten und sollte konstant feucht gehalten werden, damit der Ballen nicht austrocknet. Bezüglich der möglichen Stile stehen Ihnen mit diesem Strauch alle Türen offen. Sie können mit dem Schnitt nach der Blütezeit beginnen, die Verdrahtung ist leichter, wenn die Zweige noch jung und biegsam sind; bei älteren Ästen und Zweigen besteht hohe Bruchgefahr mit wenig Aussicht auf Erfolg. Für das Umtopfen sollten Sie einen Termin kurz vor der Wachstumsphase wählen und diesen bei Pflanzen in der ersten Dekade alle zwei Jahre wiederholen, später ist dann ein Zeitraum von 3 bis 5 Jahren angesetzt.

○ **Buche**: Wie Sie vielleicht wissen, gibt es zahlreiche Buchenarten mit unterschiedlichen Blatt- und Kronenformen. So haben Sie bei der Fagus riversa purpurfarbene Blätter, bei der Fagus purpurea eine rundliche Krone mit grünlich-purpurnen Blättern und bei der Fagus pendula eine Krone in Form eines Pilzes.

Grundsätzlich gilt, dass Sie Buchen sowohl in direkten Sonnenschein als auch in den Halbschatten stellen können. Bezüglich der Luftzirkulation ist zu sagen, dass junge Triebe nicht gut Wind vertragen, außerdem werden diese im Schatten größer als im Sonnenlicht. Im Winter muss der Ballen gesondert geschützt werden und der Baum sollte gegen kalte Winde abgeschirmt werden.

Stilistisch haben Sie die freie Wahl, wobei sich frei aufrechte Bäume optisch besser gestalten lassen. Beachten Sie bei Buchen, dass zwei Austriebe stattfinden: im Frühjahr und im Juni. Dabei sollten Sie Knospen am Ende entfernen und nach einer Knospe noch etwa 10 mm des Zweigs stehen lassen. Bei der Verdrahtung sollten Sie hauptsächlich junge Triebe nehmen und bei der Rinde besondere Vorsicht walten lassen, da diese sehr empfindlich ist. Weiterhin wird zweijährlich umgetopft, jeweils nach der Blüte, wobei Sie einen Wurzelschnitt vornehmen sollten.

○ **Eberesche**: Die auch als Vogelbeerbaum bekannte Eberesche ist in zahlreichen Arten vertreten. Diese sind entweder Sträucher oder Bäume mit gefächerten Blättern und kleinen, gelblich-weißen Blüten, deren Entwicklung in gelben, roten, rosa-farbenen, weißen oder braunen Beeren endet.

Wenn Sie sich eine Jungpflanze besorgen, sind Sie möglicherweise enttäuscht, da die Rinde bei den meisten Arten sehr glatt ist; allerdings ändert sich dies im Alter, sodass sich diese dann eher zu alt wirkender Borke entwickelt. Was den Stil angeht, sind Ihnen keine Grenzen gesetzt, allerdings sollte diese Pflanze wenigstens einen halben Meter hoch sein und Sie benötigen Geduld und Geschick, um die Eberesche in die von Ihnen gewünschte Form zu bringen.

Damit Ihr Vorhaben gelingt, sollte Regenwasser verwendet werden. Der Vogelbeerbaum verträgt weder Dürre noch Staunässe und mag es eher schattig. Der Wurzelschnitt beim zweijährigen Umtopfen darf gut und gerne ein Drittel der Wurzeln kosten. Die Beschneidung der oberirdischen Teile sollte im Frühling erfolgen. Achten Sie darauf, die Zweige etwas kürzer zu schneiden, da die Blätter ähnlich den Palmwedeln schräg nach vorn wachsen und somit die Zweige optisch verlängern.

○ **Erle**: Die Erle wirft zwar im Herbst meist ihr Laub ab, allerdings verfärbt sich dieses vorher nicht zu den üblichen Herbstfarben. Das macht die Erle zu einer Besonderheit, die sie nicht nur deswegen als Bonsai interessant macht, sondern auch, weil die Haltungsbedingungen einfacher sind als bei manchen anderen Bäumen. Besonders gut eignen sich die Alnus viridis, die Alnus incana und die Alnus glutinosa, also die Grün-, die Grau- und die Schwarzerle. Diese sind ohnehin in unseren Breitengraden beheimatet und somit an die klimatischen Bedingungen gewohnt. Stilistisch bieten Ihnen die Erlen eine große Auswahl, besonders, was Mehrfachstämme und auch schräge, vom Wind geformte Stile angeht.

Diese Bäume brauchen ein sonniges Plätzchen mit etwas Schatten bei hohen Temperaturen und eine erhöhte Luftfeuchtigkeit. Somit eignen sich Erlen sehr gut, um einen Gartenteich aufzuwerten.

Trockenperioden vertragen die Bäume nicht gut, weshalb besonders bei hohen Temperaturen wenigstens morgens und abends die Feuchtigkeit des Erdbodens kontrolliert werden sollte. Im Winter brauchen die Erlen lediglich etwas Schutz vor eisigem Wind und Düngemittel können Sie weglassen, sofern Ihre Erle noch gesund ist. Erst, wenn diese etwas schwächelt, lohnt es sich, ein wenig mit Flüssigdünger nachzuhelfen.

Dafür ist das Umtopfen in der ersten Dekade jährlich fällig, später nur noch etwa alle drei Jahre. Dabei sollten Sie beachten, dass Erlen etwas sandigeren Boden bevorzugen, sodass Sie Sand mit Akadama und Kiryuerde zu gleichen Teilen vermischen können. Vergessen Sie jedoch nicht die Drainageschicht aus Perlit oder Blähbeton. Schneiden Sie Äste und Zweige im ersten Quartal und die Blätter erst im Juni.

○ **Feldahorn**: Die Acer campestre gilt als bester einheimischer Bonsai. Dies liegt darin begründet, dass einerseits alle Stile möglich sind, inklusive jener mit frei liegenden Wurzeln, andererseits sind die Ansprüche des Feldahorns sehr niedrig. Sie mögen Sonne und Schatten, wobei die Blätter wie bei anderen Arten im Schatten mehr wachsen als im Licht. Mit dem Wasser können Sie sparsam umgehen, allerdings sollte der Nährboden moderat feucht gehalten werden und Düngemittel benötigen Sie nur in den heißen Monaten zwischen Mai und August, wobei die Menge des Düngemittels mit zunehmendem Alter des Baumes reduziert werden sollte. Setzen Sie die Beschneidung in den ersten zwei Monaten des Jahres an, um vor dem Austreiben die Äste beschnitten zu haben. Einen Blattschnitt hingegen können Sie nach der Wachstumsphase vornehmen.

Lediglich bei der Verdrahtung ist Vorsicht geboten: Die Erle hat eine sehr sensible Rinde, die schnell ungewünschte Schäden annimmt. Um Ihren Baum davor zu schützen, können Sie entweder auf eine Verdrahtung verzichten oder Sie legen Moosgummi unter den Draht.

○ **Geißblatt**: Zu den Geißblättern, den Lonicerae, gehören Sträucher, die teils auch etwas klettern, was zu einem besonderen Aussehen Ihres Bonsais führen kann. Damit Sie Ihren Bonsai lange genießen können, achten Sie darauf, dass dieser in kälteren Jahreszeiten viel Tageslicht bekommt, im Sommer allerdings vor zu starkem Sonnenlicht geschützt steht. Mit dem Gießen können Sie etwas nachlässiger sein, da ein wenig Trockenheit den Geißblättern nicht schadet, allerdings sollten Sie in heißen Zeiten täglich den Wasserstand prüfen und gegebenenfalls korrigieren.

Für die kalten Monate gilt, dass ein Geißblatt draußen überwintern sollte, allerdings muss es vor Frost geschützt werden. Stilistisch haben Sie die freie Wahl, wobei mehrstämmige Stile besonders schöne Bonsais ergeben. Weiterhin ist es nötig, dass Sie bei hohen Temperaturen wöchentlich, bei niedrigen Temperaturen 4-wöchentlich, mit Flüssigdünger arbeiten. Das Geißblatt verträgt mehrfache Schnitte, weshalb es leicht möglich ist, schöne Verzweigungen zu erhalten. Es gilt: Je mehr Sie schneiden, desto dichter werden die Zweige und Blätter wachsen. Eine Verdrahtung im Juni ist problemlos möglich. Da diese Pflanze jedoch sehr intensiv wächst, ist eine strenge Beobachtung wichtig, um Narbenbildung zu verhindern.

o **Haselnuss**: Wenn Ihnen das Bild eines Haselnussstrauchs gerade nicht vor dem geistigen Auge schwebt: Diese haben herzförmige Blätter mit gezahnten Rändern, vor der Frucht haben die Haseln Haselkätzchen, also kleine, flauschige Zapfen, und bei der Korkenzieherhasel haben Sie zu alldem auch noch gedrehte Äste. Die Rinde ist meist korkig und bietet Ihnen damit die Möglichkeit, eine etwas andere Optik zu erzeugen als bei anderen Laubbäumen. Stilistisch lässt Ihnen die Hasel, auch bekannt als Corylus, freie Wahl.

Zur Pflege lässt sich sagen, dass die Blätter sehr hitzeempfindlich sind, weshalb Halbschatten im Sommer eine gute Idee ist. Im Winter benötigen die Haselsträucher Temperaturen zwischen minus 5 und plus 6 °C, wird es kälter, sollten Sie den Wurzelballen mit zusätzlichem Schutz versehen. Trockenheit verträgt der Strauch nicht, achten Sie daher auf moderat feuchten Nährboden.

Beschneiden Sie den Haselnussstrauch im Winter, verdrahten Sie ihn im Juni für etwa sechs Monate und topfen Sie ihn in einem zweijährigen Turnus um.

○ **Liguster**: Die Liguster sind sehr anspruchslose Pflanzen, die weiße Blüten und später schwarze Beeren tragen. Die Ligustrum nitida können Sie sogar als Indoor-Bonsai halten. Achten Sie jedoch, ob drinnen oder draußen, darauf, dass die Pflanzen nicht in extremer Sonne stehen und im Winter nicht unter 15 °C gelagert werden. Sie können jeden Stil trainieren und auch starke Beschneidungen durchführen, da die Liguster diese gut vertragen. Bezüglich der Bewässerung ist zu sagen, dass diese Gehölze nicht austrocknen sollten und im Sommer – wie alle anderen Pflanzen auch – mehr Wasser benötigen als im Winter. Auch mit Düngemittel dürfen Sie im warmen Halbjahr wöchentlich arbeiten. Beim Verdrahten sind die Liguster ebenfalls unkompliziert und das Umtopfen ist nur etwa alle drei Jahre notwendig.

○ **Linde**: Die Pflanze der Gruppe Tiliae sind sehr edle Laubbäume, deren Blüten meist einen angenehmen Duft verströmen. Das Schöne an der Linde ist, dass die Krone schon sehr weit unten am Stamm beginnt. Aus diesem Grund sind frei aufrechte Stile am natürlichsten, jedoch ist die Linde auch sehr fügsam und kann zu anderen Stilen trainiert werden.

Um Ihrer Linde etwas Gutes zu tun, gießen Sie am besten mit Regenwasser und das so, dass der Nährboden stets konstant feucht gehalten wird, aber keine Staunässe entsteht. Ebenso ist es wichtig, dass Sie organischen Dünger nutzen, da Linden grundsätzlich empfindlich sind, was Salze anbelangt.

Achten Sie sowohl beim Drahten als auch beim Schneiden darauf, dass Sie keine unnötigen Wunden erzeugen, denn diese hinterlassen dauerhafte Narben. Achten Sie beim Blattschnitt darauf, dass Sie die Stiele stehen lassen. Diese werden nach einiger Zeit selbstständig abfallen. Auch können Sie im Jahr problemlos mehrfach schneiden, die Linde ist in dieser Hinsicht leicht in der Handhabung.

○ **Pappel**: Pappeln finden sich in der Natur meist doppelt- oder mehrstämmig. Sie benötigen nur einmal monatlich flüssigen Dünger, dafür aber besonders viel Wasser. In Freiheit finden sich Pappeln meist in der Nähe von Gewässern oder Mooren, achten Sie daher darauf, dass Ihre Pappel immer ausreichend, aber nicht übermäßig gewässert ist. Ansonsten sind Pappeln in der Handhabung sehr genügsam, sie können bequem verdrahtet werden, vor dem Austrieb einen Astschnitt und im Juni einen vollständigen Blattschnitt erhalten.

o **Pfaffenhütchen**: Im Fachjargon heißt dieser Strauch Euonymus europaeus. Das Pfaffenhütchen mag seinen Nährboden sehr kalkhaltig und seinen Standort maximal halbschattig, aber windig. Stilistisch lassen Jungpflanzen Ihnen die freie Wahl. Besonders leicht ist dies zu erreichen, weil abgetrennte Äste einen Neuaustrieb von mehreren jungen Ästen herausfordern. Diese können Sie dann ab Mitte Juli verdrahten, um sie in die gewünschte Form und Richtung zu bringen.

Schützen Sie das Pfaffenhütchen, indem Sie es im Winter an einer hellen Stelle einpflanzen, um den Ballen vor Austrocknung und Frost zu schützen.

○ **Pflaume**: Die Prunus domestica hat eine dunkelgraue bis braunschwarze, glatte Rinde, die in gutem Kontrast zu den weißen Blüten stehen. Der Pflaumenbaum mag Sonnenlicht, wenngleich zu starke Hitze die Blätter beschädigt. Wenn hohe Temperaturen herrschen, gießen Sie Ihren Bonsai teils mehrmals täglich, damit dieser nicht austrocknet, achten Sie jedoch darauf, dass sich kein Wasser staut. Im Winter sollten Sie den Wurzelballen ab unter -5 °C zusätzlich schützen. In Bezug auf die Stile lässt sich sagen, dass Sie freie Wahl haben, allerdings sollten Sie der Natürlichkeit zuliebe stark geneigte Formen wie die Kaskade vermeiden. Im Training können Sie mehrfach jährlich Blätter und Äste beschneiden, um eine dichte Krone zu erhalten. Wenn Äste nicht in die Richtung wachsen, die Sie sich wünschen, können Sie diese nur innerhalb des ersten Jahres verdrahten, anschließend entstehen zu große Schäden am Holz.

○ **Rosskastanie**: Wenn Sie sich für eine Rosskastanie entscheiden, können Sie auch verschiedene Arten mit unterschiedlich farbigen Blüten wählen, die jedoch erst ab dem zehnten Lebensjahr sprießen. Abstriche müssen Sie jedoch bei der Größe machen, denn ein Rosskastanien-Bonsai sollte wenigstens 80 Zentimeter hoch sein. Es besteht dabei die Möglichkeit, zwischen verschiedenen Kronenformen und Stammrichtungen zu wählen, wobei Kastanien auch sehr starr sein können, weshalb Sie Ihren Jungbaum gut auswählen sollten.

Eine Kastanie braucht alle klimatischen Bedingungen, auch Wind und Regen, um ausgiebig gedeihen zu können. Ob Ihr Bonsai dabei in der Sonne oder im Halbschatten steht, können Sie frei wählen. Achten Sie jedoch darauf, dass Ihre Kastanie nicht austrocknet, denn das bestraft Sie mit Blattverlust. Beschneiden Sie Ihren Bonsai während des ersten Quartals, um die gewünschte Form zu erreichen. Achten Sie bei der Verdrahtung darauf, dass Sie nur junge Triebe verdrahten und die Rinde dabei schützen, diese ist empfindlich.

○ **Rotbuche**: Die Fagus sylvatica lässt sich in alle Stilarten formen, wobei diese stets alle Wetterbedingungen abbekommen sollte. Halbschatten eignet sich allerdings besonders gut für die heißen Tage des Jahres, um die Blätter vor Verbrennungen zu schützen. Wie bei anderen einheimischen Laubbäumen sollte die Verdrahtung nur bei Jungtrieben erfolgen und auch die Bewässerung sollte so stattfinden, dass der Wurzelballen nicht austrocknet. Im Winter muss der Wurzelballen geschützt werden und eisige Winde schaden ebenfalls dem Baum.

o **Stieleiche**: Die Deutsche Eiche ist ein Zeichen der Stärke, Robustheit und Sturheit. Diese Eigenschaften zeigen sich auch, wenn Sie sich die Quercus robur als Bonsai heranzüchten möchten. Wenn Sie sich für die Eiche entscheiden, haben Sie anschließend leider nicht viele Möglichkeiten, was die Stile anbelangt. Die Eiche ist und bleibt stur und Ihnen bleibt nur, deren natürliche Form zu optimieren. Sie können dementsprechend die Krone formen und beschneiden, müssen aber akzeptieren, dass Ihr Bonsai entweder frei oder streng aufrecht wachsen möchte.

Die meist rechteckige Schale, die für diese Bäume genutzt wird, sollte im Winter mit etwas Torf eingegraben werden, um den Wurzelballen zu schützen, damit Sie lange etwas von Ihrer Eiche haben. Der Schnitt sollte früh im Jahr erfolgen und gründlich gemacht werden, da die Stieleiche nur schwer verzeiht, wenn die Zweige und Äste mehrfach im Jahr beschnitten werden. Blätter können Sie hingegen immer einmal wieder schneiden, da diese von Natur aus bis zu 10 Zentimeter lang werden können. Ab Monat April können Sie eine Verdrahtung vornehmen, allerdings sollten Sie diese etwas abpolstern oder sehr sorgsam beobachten, damit keine Einschnitte erfolgen und die Rinde unversehrt bleibt.

Entgegen zahlreicher anderer Baumarten mag es die Eiche nicht, wenn die Blätter bei Sonnenschein nass werden, gießen Sie also im Sommer gewissenhaft und nur die Erde. Im Winter sollte die Eiche Wasser bekommen, allerdings wesentlich weniger, sie sollte jedoch nicht austrocknen.

○ **Ulme**: Leider finden Sie Ulmen immer seltener, da diese für einige Krankheiten, wie beispielsweise das Ulmensterben (ein Pilz), anfällig ist. Dennoch lohnt es sich, eine Ulme in Form eines Bonsais zu kultivieren; nicht nur, weil Sie auf diese Weise etwas Artenschutz betreiben, sondern auch, weil die verschiedenen Ulmen, beispielsweise die Feld- oder Bergulme, Ihnen alle Stilformen ermöglichen. Weiterhin ist die Standortwahl bei der Ulme sehr unkompliziert, da diese mit Halbschatten und Sonne zufrieden ist.

Dürreperioden schaden den Ulmen sehr, weshalb Sie darauf achten sollten, dass immer genug Wasser zur Verfügung steht. Bei Düngemitteln dürfen Sie während der Wachstumsphase gern wöchentlich zuschlagen, denn eine Ulme hat einen erhöhten Nährstoffbedarf. Die Ulmen haben ein recht schnelles Wachstum, weshalb Sie Äste im Winter beschneiden können und die Jungtriebe einmal im Frühling und einmal im Hochsommer schneiden können. Weiterhin ist das Wachstum ein wichtiger Faktor, den Sie beim Verdrahten beachten müssen, denn der Draht wächst schnell ein und hinterlässt dann hässliche Narben.

○ **Weide**: 300 unterschiedliche Sorten der Salices gibt es, wobei die Salix sepulcralis Chrysocoma, die Trauerweide, mit den herabhängenden Ästen als Bonsai sicherlich einen besonderen Blickfang in Ihrem Garten darstellt. Weiden vertragen Temperaturen bis zu minus 12 °C und brauchen viel Licht, wobei direkte Sonneneinstrahlung im Hochsommer den empfindlichen Blättern schadet. Möglicherweise müssen Sie bei starker Hitze mehrmals täglich gießen, denn die Weide sollte nicht austrocknen. Dünger benötigt die Weide als Bonsai in warmen Monaten zweimal im Monat, dann können Sie jeden erdenklichen Stil mit einer Weide trainieren.

Obwohl die Weide mit Beschnitt und Verdrahtung unkompliziert ist, hat sie ein sehr starkes Wurzelwachstum, was wenigstens einmal jährlich, wenn nicht sogar zweimal jährlich, ein Umtopfen erzwingt.

o **Weißdorn**: Der Weißdorn ist optisch so, wie das Klima, aus dem er kommt: etwas streng und ruppig, aber robust. Als Teil der Rosen-Familie trägt er Apfel-ähnliche Früchte, die aus weißen oder rosanen Blüten entstehen. Da er das Wetter nicht anders gewohnt ist, darf er gern im Wind stehen, braucht viel Licht, verträgt aber auch Halbschatten. Da er so viele unterschiedliche und harte Bedingungen gewohnt ist, lässt er sich problemlos zu jedem Stil trainieren. Dazu benötigt er ausreichend Regenwasser, wobei er auch gelegentliche Trockenheit verzeiht, wenn Sie den Salzgehalt des Wassers so gering wie möglich halten. Wenn Sie den Weißdorn im März beschneiden, heilen die Wunden schneller als sonst; eine Verdrahtung sollte bei Beginn der Wachstumsphase stattfinden und im Juli überprüft und gegebenenfalls erneuert oder entfernt werden. Um Ihren Bonsai im Winter unter minus 10 °C zu schützen, reicht es aus, wenn Sie Laub auf und um den Topf herum verteilen. Prüfen Sie anschließend jedoch, ob sich Schädlinge darin einnisten.

○ **Wildapfel**: Ein ausgewachsener Wild- oder auch Holzapfel macht einen imposanten Eindruck, bei einer maximalen Höhe von 10 Metern wird der Baum bis zu 3 Meter breit und hat somit eine wunderschöne, große Krone. Im Mai zeigen sich die weiß-rosa Blüten, die später zu gelb-orangenen Früchten auswachsen. Damit Ihr Apfelbonsai gut gedeiht, benötigt er kaltes, feuchtes Wetter, er sollte also in der warmen Jahreszeit so stehen, dass er dennoch Wind abbekommt, und vor allem ist eine ausreichende Bewässerung dringend notwendig, da der Wildapfel viel Wasser benötigt. Düngemittel können Sie alle zwei Wochen zum Wasser hinzugeben. Beschneiden Sie den Baum im Winter, um verstorbene Teile zu entfernen, im Sommer verlangsamt ein Schnitt das Wachstum. Wenn Sie verdrahten möchten, dann nutzen Sie dazu bitte maximal zweijährige Äste, denn ältere sind zu stark verholzt und nicht mehr flexibel genug.

○ **Zwergmispel**: Im Fachjargon als Cotoneaster bekannt, ist dieser Kleinstrauch eine wunderbare Ergänzung für Ihren Bonsai-Garten. Sie können diesen in jedem Stil züchten, müssen jedoch ein wenig recherchieren, bevor Sie eine Pflanze finden und mitnehmen können.

Mispel sollten grundsätzlich gewissenhaft gegossen werden, verzeihen aber auch gelegentliche Dürreperioden; Düngemittel können Sie 14-tägig geben. Sie können während der Wachstumsphase mehrfach beschneiden, um eine dichte Verzweigung zu erreichen. Ebenso können Sie starke Wurzelschnitte beim Umtopfen im Frühjahr vornehmen.

Die asiatischen Nadelgehölze

Wie Sie sich denken können, sind die ursprünglichen Bonsais aus asiatischen Gehölzen. Daher sollen Ihnen hier nun die gängigen Baumarten vorgestellt werden, damit Sie einen Überblick haben, welche Baumart Ihnen vielleicht gefallen könnten.

○ **Chinesischer Wacholder:** Wie auch der Gemeine Wacholder mag der Chinesische Wacholder helle Plätze, allerdings keine zu starke Hitze, weshalb im Sommer ein wenig Schatten eine gute Idee ist.

Etwas Besonderes bei dem Juniperus chinensis ist, dass er sowohl nadelförmige als auch schuppige Nadeln hat. Wenn Sie es schaffen, einen Juniperus chinensis Aurea zu erhalten, haben Sie noch dazu eine Goldfärbung der Nadeln. Bezüglich der Stil-Wahl lässt Ihnen der Chinesische Wacholder freie Hand und auch in der Pflege ist er sehr anfängerfreundlich. Dennoch verlangt er innerhalb der ersten Dekade jährliches Umtopfen, wobei er Ihnen auch einen starken Wurzelschnitt verzeiht. Anschließend sollten Sie erst wieder bei Bedarf umtopfen, also wenn die Wurzeln den Topf ausfüllen.

Wählen Sie dabei für den Nährboden eine luftige Mischung aus 30 bis 40 % Bimskies, Akadama- und Bonsaierde. Bei der Bewässerung dürfen Sie in den warmen Monaten großzügig sein. Wenn Ihr Bonsai einmal ein wenig austrocknet, ist das keine Tragödie, im Winter sollte der Wacholder aber immer leicht feucht gehalten werden. Wie bei anderen Wacholderarten tritt auch hier eine rot-braune Färbung auf, wenn die Pflanze im Winter zu harte Kälte abbekommt. Achten Sie daher gern darauf, dass die Pflanze zwar im Licht, aber windgeschützt steht. Nutzen Sie in den warmen Monaten von März bis September zweiwöchentlich flüssiges Düngemittel und verdrahten Sie in den übrigen Monaten, wenn es Ihrem Wunsch entspricht.

○ **Goldlärche**: Die Pseudolarix amabilis bietet im Sommer einen großartigen Anblick, wenn die Nadeln hellgrün, die Zapfen noch blau bereift sind und die Rinde glatt und rotbraun ist. Im Herbst verfärben sich wie bei anderen Lärchen auch die Nadeln goldgelb, die Zapfen rotbraun und bei älteren Bäumen bekommt die Rinde Risse und blättert schuppig ab. In Bezug auf die Stile sollten Sie sich hier einen der frei aufrechten aussuchen, da die Goldlärche sich nur schwer in andere Formen bringen lässt. Um Ihren Bonsai lange gesund zu halten, können Sie diesen im Sommer in ein Wasserbad stellen und so dauerhafte Bewässerung gewährleisten, aber auch im Winter muss die Erde stets feucht gehalten werden. Mit flüssigen Düngemitteln können Sie Ihren Bonsai von Mai bis September ein- bis zweimal monatlich unterstützen.

○ **Hemlocktanne**: Die Tsuga canadensis ist eine immergrüne Pflanze, deren Nadeln erst hellgrün und anschließend in einem satten Grün glänzen. Sie können sich stilistisch an diesem Nadelbaum austoben, nur der Stil Hokidachi ist nicht durchführbar, was wie bei vielen Nadelbäumen am Wuchsverhalten der Äste liegt.

Dieser Nadelbaum ist sehr robust sowie widerstandsfähig und verzeiht Ihnen somit den einen oder anderen Anfängerfehler. Sie können die Tanne jedoch gut pflegen, wenn Sie den Nährboden ganzjährig feucht halten und alle 14 Tage etwas Flüssigdünger geben. Wie bei vielen anderen Nadelbäumen sind eisiger Wind schlecht für die Nadeln und Bodenfrost schlecht für den Wurzelballen. Lassen Sie Ihre Hemlocktanne daher am besten in einer windgeschützten Ecke Ihres Gartens oder stellen Sie diese in ein Gewächshaus, wenn über längere Zeit Minustemperaturen angekündigt sind.

Wenn Sie den Schnitt vornehmen, achten Sie darauf, Jungtriebe vor der Verholzung zu kappen. Verdrahten können Sie von Juli bis September, das Umtopfen sollte bei Jungpflanzen zweijährig stattfinden, ab der zweiten Dekade nur noch bei Notwendigkeit, spätestens aber nach fünf Jahren. Der Nährboden sollte Torf enthalten, dann gedeihen die Hemlocktannen am besten.

○ **Koreatanne**: Die Abies koreana ist zwar sehr schön mit ihren dunkelgrünen, kurzen und dicht stehenden Nadeln, allerdings wächst diese auch sehr langsam, was bei Anfängern zu Frustration führen kann, da noch mehr Geduld notwendig ist als bei anderen Baumarten. Erkennbar ist dieser Nadelbaum an den weiß-bläulich gestreiften Unterseiten der Nadeln und den nahezu violetten Zapfen.

Die Koreatanne mag es sonnig, allerdings sollte bei Sommerhitze etwas Schatten zur Verfügung stehen, damit sie nicht vollständig ausdörrt. Auch sonst mag die Koreatanne keine Extremen, also halten Sie die Erde am besten mäßig feucht, aber nicht zu nass und nicht zu trocken; zwar besteht auch bei diesem Nadelbaum die Gefahr, dass der Wurzelballen austrocknet. Wie die anderen Nadelbäume überwintert die Koreatanne dennoch am besten im Freien, da sie nicht für das Überleben in Innenräumen geeignet ist.

Nutzen Sie für den Boden gern Kiryuerde und topfen Sie die Pflanze im Zwei- bis Drei-Jahres-Rhythmus um, wobei Sie bis zu 50 % der Wurzeln beschneiden können. Wenn Sie einen aufrechten Stil bevorzugen, eignet sich die Koreatanne in jedem Fall, andere Stile erfordern Geduld und Aufmerksamkeit, wobei Sie auch nur in den kalten Monaten des Jahres verdrahten sollten, um größere Schäden zu vermeiden.

○ **Scheinzypresse**: Von den acht verschiedenen Scheinzypressen ist die Chamaecyparis obtusa Nana gracilis diejenige, die am besten für die Bonsaizucht geeignet ist. Diese mag es im Sommer eher im Halbschatten, da die Nadeln schnell einen Hitzeschaden erleiden können. Auch im Winter besteht bei harschen Winden die Gefahr der Austrocknung, achten Sie daher darauf, dass die Pflanze viel Licht und wenig Wind abbekommt. Auch verträgt die Scheinzypresse keine Trockenheit, weswegen tägliche Kontrolle und entsprechendes Gießen und Besprühen der Nadeln wichtig sind.

Sie können den Stil, bis auf Hokidachi, frei wählen, da die Scheinzypresse sehr leicht zu trainieren ist. Sie sollte innerhalb der ersten Dekade alle zwei Jahre im Frühjahr vor der Wachstumsphase umgetopft werden, anschließend nur, wenn der Wurzelballen den Topf vollständig ausfüllt. Verwenden Sie dabei eine Mischung aus Mineralsubstrat, Bonsaierde und Split. Auf diese Weise haben Sie weniger Herausforderungen mit der Staunässe.

○ **Schwarzkiefer**: Die Schwarzkiefer, fachlich bekannt als Pinus thunbergii, hat ihren Trivialnamen von der schwarz-rötlichen Rinde, die gemeinsam mit den dunkelgrünen Nadeln eine wunderschöne Optik bietet. Jedoch ist dieses Nadelgehölz, wie auch die einheimischen Kiefernarten, sehr darauf erpicht, möglichst viel Licht zu erhalten, achten Sie daher darauf, dass Ihre Schwarzkiefer frei und möglichst erhöht steht. Die Schwarzkiefer ist eher weniger anfängertauglich, da das Training dieses Baumes sehr viel Geduld und Geschick erfordert.

Weiterhin darf diese Art im Sommer erst kurz vor dem Austrocknen gegossen werden, außer in den kalten Monaten, da sollte der Bonsai stets leicht feucht gehalten werden. Damit die Optik passend bleibt, gießen Sie während der Wachstumsphase etwas weniger, um die Nadeln nicht zu lang werden zu lassen. Sollten Ihnen diese doch zu lang sein, können Sie sie zur Jahresmitte bis auf einen Zentimeter herunterkürzen. Der Hauptschnitt sollte hingegen schon im Mai erfolgen, wobei Sie bis zu 60 % der Neutriebe entfernen können.

Die Schwarzkiefer erlaubt nahezu alle Stile, bis auf den Hokidachi, wobei der Baum sehr stur sein kann. Verdrahten Sie jedoch am besten im Winter, wenn Sie den kleinstmöglichen Schaden verursachen. Das Umtopfen sollten Sie nur alle zwei bis fünf Jahre durchführen, da die Kiefer gern einen festen Standort hat und das Umtopfen immer sehr viel Stress für diese Art bedeutet.

○ **Steineibe**: Die Steineibe hat spiralförmig angeordnete Nadeln, die in ihrer Farbe und Form denen der Gemeinen Eibe ähneln. Im Gegensatz zu der Gemeinen Eibe können Sie die Steineibe jedoch auch in Innenräumen überwintern lassen. Besser wäre es jedoch, wenn Sie einen Standort in den kalten Monaten finden, bei dem um die 10 °C herrschen und an dem es relativ trocken ist. In den Sommermonaten kann die Steineibe auch problemlos draußen stehen. Bezüglich der Erde ist zu sagen, dass diese stets feucht gehalten werden sollte.

Weiterhin mag die Steineibe eine Mischung aus Bonsaierde und Akadama. Für die Drainage mischen Sie noch etwas Split hinzu und so wiederholen Sie das Ganze, wenn Sie nach etwa fünf Jahren die Pflanze wieder umtopfen. Stilistisch sind Sie bei dieser Baumart etwas eingeschränkt, da zwar Mehrfachstämme möglich sind, jedoch nur mit aufrechten, geneigten oder streng aufrechten Formen; Kaskade und Konsorten sind dementsprechend mit der Steineibe nicht möglich. Die Verdrahtung kann zwischen April und September angesetzt werden, sollte jedoch nicht länger als ein halbes Jahr bestehen bleiben.

○ **Zeder**: Vielleicht haben Sie aktuell ein wenig den Geruch von Zedernholz in der Nase? Sie riecht wirklich einmalig und stellt schon allein deswegen ein Geschenk an Sie dar. Die Cedrus deodora, eine Zwergform der Zeder, eignet sich mit den bläulich schimmernden Nadeln besonders gut für die Bonsai-Kunst.

Doch egal, für welche Zedernart Sie sich entscheiden, achten Sie darauf, dass diese stets viel Licht bekommen, aber niemals extremen Temperaturen oder eisigen Winden ausgesetzt sind. Als Stil können Sie jeden wählen, der streng oder frei aufrecht ist. Mehrfach-Stämme sind möglich und oftmals werden Zedern für Gruppierungen genutzt. Dabei sollte alle 14 Tage mit Flüssigdünger nachgeholfen werden und besonders zu Zeiten des Wachstums sollten Sie gründlich, aber nicht übermäßig gießen. Bei der Verdrahtung seien Sie sehr vorsichtig, da die Rinde schnell Schaden nimmt. Der Zeitpunkt der Verdrahtung sollte dann sein, wenn die jungen Triebe auszuhärten beginnen; entfernen Sie den Draht nach spätestens sechs Monaten.

Die asiatischen Laubgehölze

o **Aronia**: Die Apfelbeere gehört zu den Rosengewächsen und benötigt entsprechende Pflege; stellen Sie die Pflanze halbschattig bis sonnig und achten Sie darauf, dass der Nährboden dauerhaft feucht bleibt, da Dürreperioden dem Bonsai Schaden zufügen. Die kleinen roten Früchte in Kombination mit den dunkelgrünen Blättern ergeben ein schönes Bild, wobei Sie den Stil frei wählen können.

o **Berberitze**: Die Beberitzen sind sehr robuste Sträucher, deren Ansprüche Sie leicht erfüllen können. In Bezug auf den Standort haben Sie die freie Wahl und auch einen Stil können Sie sich aussuchen. Gießen Sie die Berberis täglich, sodass Sie Ihnen lange erhalten bleibt. Weiterhin können Sie die Form durch Beschnitt erreichen und weitestgehend auf eine Verdrahtung verzichten. Lediglich im Winter müssen Sie die Pflanze vor zu strengem Frost schützen.

○ **Bergfeige**: Die Ficus carica ergibt bei richtigem Training besonders schöne und kompakte Bonsai-Bäume. Dazu benötigen Sie im Sommer viel Wasser, auch in Form von Sprühregen, und wöchentlichen Dünger. Ein Beschnitt sollte regelmäßig erfolgen, da sonst keine neuen Triebe und nur noch Blätter nachwachsen. Welchen Stil auch immer Sie bevorzugen, der Ficus erlaubt es; dafür können Sie ganzjährig verdrahten, müssen jedoch die Verdrahtung gut beobachten, um Einwuchs zu vermeiden. Topfen Sie den Baum alle zwei Jahre im Frühjahr um, nachdem Sie ihn bei Plusgraden überwintert haben.

○ **Chinesische Ulme:** Die Ulmus parvifolia, aus dem Lateinischen „kleinblättrige Ulme“, eignet sich sehr gut als Indoor-Bonsai. Dabei benötigt sie jedoch viel Tageslicht und sollte nahe am Fenster stehen, wobei Sie Ihre Pflanze im Sommer nach draußen stellen können.

Sobald es kühler wird, sollten Sie darauf achten, dass die Temperaturen zwischen 8 und 22 °C liegen; bei diesen Temperaturen können Sie die Ulme problemlos überwintern. Gestalten Sie den jungen Baum durch regelmäßiges Beschneiden, um feine Verästelungen zu erreichen. Wenn Ihre gewünschte Form – Sie haben beim Stil die freie Wahl – erreicht haben, brauchen Sie den älteren Baum nur noch in der Form zu halten. Lassen Sie den Nährboden ein wenig trocknen, bevor Sie erneut gießen, und geben Sie alle zwei Wochen Dünger zum Gießwasser hinzu. Wenn Ihre gewünschte Form durch Beschnitt nicht erreichbar ist, können Sie ganzjährig verdrahten, um an Ihr Ziel zu gelangen.

○ **Dreispitzahorn**: Sie haben bereits über Ahorn-Arten gelesen und kennen deren besondere Blattform. Der Dreispitzahorn hat von Natur aus eine kegelförmige Krone, eine graue Rinde und dreifach gespreizte Blätter, deren Färbung im Herbst ein besonders schönes Bild ergibt. Der Dreispitzahorn, auch Acer buergerianum, kann im Sommer gut an einem sonnigen Plätzchen stehen, aber vor heißer Mittagssonne muss er geschützt werden. Im Winter muss die Ulme vor eisigem Wind und starkem Frost unter minus 10 °C geschützt werden, was jedoch nicht im Innenraum geschehen sollte. Hierfür eignet sich ein Gewächshaus oder ein heller Platz auf dem Balkon. Beim Stil haben Sie freie Wahl, lediglich der Hokidachi ist mit der Wuchsrichtung der Zweige schwer zu erreichen. Achten Sie beim Training darauf, dass Sie nicht zu spät schneiden, da der Baum sonst schnell ausblutet. Verpassen Sie den richtigen Zeitpunkt, nutzen Sie Baumwachs, um die Wunden zu verschließen, und gießen Sie den Baum stets ausreichend, da dieser starkes Wurzelwachstum hat. Wenn Sie verdrahten möchten, machen Sie dies nur mit Ästen, die maximal zwei Jahre alt sind, da sonst die Verholzung schon zu weit fortgeschritten ist und Ihr Bonsai Schaden nimmt.

○ **Feuerdorn**: Der Feuerdorn, fachlich Pyracantha, trägt ab Herbst gelbe, rote oder orangene Früchte, die zusammen mit den sattgrünen Blättern ein wunderschönes Bild ergeben. Beim Stil können Sie Ihrer Fantasie freien Lauf lassen und auch in der Pflege ist der Bonsai leicht in der Handhabung. Zwar darf der Baum nicht austrocknen, er benötigt jedoch nicht so viel Wasser wie andere Baumarten und auch klimatisch kann er einiges vertragen, solange er nicht im Winter starkem Wind und Frost ausgesetzt ist.

Beschneiden Sie die Pflanze zweimal jährlich, einmal im April und einmal im August, um die Länge der Triebe unter Kontrolle zu halten und die Krone nach Ihrem Geschmack zu gestalten. Im März sollten Sie in einem Zwei-Jahres-Turnus das Umtopfen erledigen, ab dem zehnten Lebensjahr dann erst, wenn die Wurzeln den Topf ausfüllen.

○ **Forsythie**: Die Forsythie ist bekannt für ihre goldgelben Blüten, die Sie sich am besten mit einer der Zwergformen Mini- oder Tetragold in Ihren Garten holen. Halten Sie den Nährboden moderat feucht, wobei Sie diesen in den warmen Tagen immer leicht antrocknen lassen sollten, bevor Sie erneut gießen. Düngemittel können Sie von März bis September zweiwöchig einsetzen. Um aufrechte Stile, Halbkaskaden oder doppelstämmige Formen zu erhalten, können Sie das ganze Jahr über die Forsythie stutzen und verdrahten. Damit Ihr Bonsai prächtig gedeiht, stellen Sie die Pflanze stets in volles Sonnenlicht und schützen im Winter den Wurzelballen vor Frost und die Blätter vor harschem Wind.

○ **Magnolie**: Diese weiß, gelb oder rosarot blühenden Sträucher eignen sich für alle Bonsai-Stile, sind jedoch in Bezug auf den Nährboden und die Pflege ein wenig anspruchsvoll. Die Böden sollten sehr nährstoffhaltig sein, weshalb Sie zweiwöchig Flüssigdünger einsetzen sollten, außerdem müssen diese Pflanzen stets feucht gehalten werden und sie vertragen weder Wind noch Frost. Dennoch sollten die Magnolien zwischen minus 5 und plus 6 °C überwintern. Währenddessen können Sie Ihre gewünschte Form zurechtschneiden, was eine Verdrahtung nahezu unnötig macht, obwohl diese außerhalb der Blüte möglich ist. Das Umtopfen können Sie alle drei bis vier Jahre vornehmen, wobei Sie einen dezenten Wurzelschnitt vornehmen können.

○ **Maulbeerbaum:** Die Arten mit dem Fachnamen Morus tragen Beeren, deren Farbe sie ihre weiteren Namen verdanken. Am meisten verbreitet sind die schwarze und die weiße Maulbeere, also Morus nigra und Morus alba. Wenn Sie eine anfängerfreundliche Pflanze suchen, sind Sie mit der Maulbeere gut beraten. Diese müssen lediglich vor Frost und Wind geschützt werden und dürfen nie vollständig austrocknen, allerdings können Sie den Nährboden auch zwischen dem Gießen etwas heruntertrocknen lassen.

Düngen Sie die Pflanze etwa alle 14 Tage, dann wird Sie Ihnen alle Stile ermöglichen. Schneiden Sie die Äste im Herbst und/oder Frühjahr und die Blätter im Sommer, so werden Sie einen schönen Bonsai erhalten. Wenn Sie verdrahten möchten, warten Sie am besten bis in den Monat Juni und entfernen den Draht nach spätestens 12 Monaten wieder; das Umtopfen sollte im Zwei-Jahres-Rhythmus im April stattfinden.

○ **Rhododendron**: Rhododendren gibt es in zahlreichen Blütenfarben und viele Arten eignen sich für die Bonsai-Zucht.

Die Azalee ist dabei die beliebteste Art für die kleinen Kunstwerke, wobei Pflanzen vom Typ Simsii oder Kiusianum die populärsten sind. Wichtig ist, dass Sie eine Azalee im Winter an einen hellen Ort stellen, an dem eine Temperatur zwischen 10 und 12 °C herrscht, da diese nicht winterfest sind. Auch vertragen die Pflanzen keine starken Regenfälle und sind allgemein eher anspruchsvoll. Allerdings lohnt sich die Arbeit, da Bonsais dieser Art in allen Formen, Farben und Größen existieren. Damit Sie den Anblick lange genießen können, stellen Sie die Azalee halbschattig auf und nutzen kalkarmes Wasser, beispielsweise Regenwasser. Die Bewässerung muss besonders in der Blütezeit sehr gewissenhaft erledigt werden, da die Wurzeln sehr Dürre-empfindlich sind und schnell austrocknen. Ein Spitzenschnitt sollte etwa alle zwei Monate erfolgen; die Verdrahtung können Sie sehr sorgsam durchführen, wenn die Blüte vorbei ist.

o **Wisteria**: Der umgangssprachlich Blauregen genannte Baum ist ähnlich dem Ihnen vielleicht bekannten Goldregen, der hier nicht extra aufgeführt wird. Die Blütendolden hängen bläulich-violett bis zu 80 Zentimeter lang von den Zweigen und ergeben ein prachtvolles Bild. Die Wisteria sinensis ist dabei eine der beliebtesten Arten für die Bonsaizucht, wobei Sie auch die Sorten der Wisteria macrobotrys nutzen können. Pflanzen dieser Art sind sehr frostempfindlich und benötigen viel Sonnenlicht und gleichmäßig feuchte Erde.

Als Bonsai können Sie diese Form problemlos innerhalb des Hauses halten und einen frei aufrechten Stil wählen, aber auch die Kaskaden- und Felsenformen sind möglich. Düngemittel sollten Sie nach der Blüte wöchentlich geben, wohingegen Sie das Beschneiden im Herbst machen sollten. Sollte eine Verdrahtung dringend nötig sein, nehmen Sie diese im Juni vor. Es ist jedoch besser, wenn Sie darauf verzichten.

○ **Zierquitte**: Bei der Zierquitte bleiben die Äste meist recht karg, obwohl die Sträucher schon in Blüte stehen. Halten Sie bei dieser Art den Boden gut feucht und passen Sie beim Training zu einem beliebigen Stil auf die Stacheln auf. Beschneiden sollten Sie die Pflanze erst im Herbst, um die Blüte nicht zu stören; verdrahten können Sie bereits im Juni.

Die Gestaltung

Sie haben bei der Gestaltung die freie Wahl, ob Sie nur einen oder mehrere Bäume in einem oder mehreren Töpfen oder Schalen aufbewahren. Auch haben Sie die freie Wahl in der Größe Ihrer Bonsais. Möchten Sie diesen draußen in einem asiatisch anmutenden Garten präsentieren oder möchten Sie lieber im Innenraum eine Stätte aufbauen, an der Sie Ihre Kunstwerke präsentieren können? Zwar war es ursprünglich von Bedeutung, dass der Bonsai-Künstler sich eher meditativ und mythisch mit dem Baum befasst, jedoch rückte dann recht schnell das Handwerk selbst immer weiter in den Fokus.

Mittlerweile ist es so, dass Sie möglicherweise wegen der Kunst beginnen und dann feststellen, dass Sie eine engere Bindung zur Natur bekommen, mehr Verständnis für die Bedürfnisse von Pflanzen aufbringen oder sogar bei dem Training Ihres Bonsais in meditative Zustände verfallen. Wie auch immer Ihre Beschäftigung mit dieser Kunstform geartet ist, Sie werden in den folgenden Abschnitten lernen, welche Möglichkeiten Sie haben, und die eine oder andere Idee bekommen, was Sie mit Ihrem Bonsai anstellen können, um noch mehr Freude an diesem Hobby zu haben.

GESTALTUNGSPRINZIPIEN

Bei den Gestaltungsprinzipien gilt zuerst, dass Sie Ihren Baum mitentscheiden lassen, welche Form für ihn am besten geeignet ist. Das bedeutet, dass Sie ihn zwar, wie später beschrieben wird, trainieren können, dabei allerdings auch seine Vorgaben in Ihre Pläne einbeziehen.

Als Nächstes ist wichtig, dass Sie sich an Ihrem Bonsai-Baum eine Front aussuchen, mit der Sie den Baum präsentieren möchten. Zwar können Sie beim streng aufrechten Stil alle Seiten gleichermaßen gestalten, aber bei anderen Stilen ist es von Bedeutung, dass Sie die spektakulärste Ansicht auswählen. Wenn Sie beispielsweise den Ikadabuki-Stil wählen, sollten Sie den Bonsai so präsentieren, dass alle in die Erde ragenden Äste ersichtlich sind. Weiterhin sollten Sie den Neigungswinkel Ihres Baumes beachten. Ihr Bonsai sollte immer seitlich zum Betrachter stehen und niemals zum Betrachter geneigt oder dem Betrachter abgeneigt sein.

Damit der Betrachter Ihr Kunstwerk vollständig und in seiner besten Ansicht bestaunen kann, sollten Sie Ihren Bonsai immer auf Augenhöhe platzieren, also auf einem Regal oder einem hohen, schmalen Tisch. Dabei spielt auch die Wahl des Topfes eine große Rolle, denn dieser darf nicht vom Bonsai selbst, beispielsweise durch zu bunte Farben oder Muster, ablenken. Am besten präsentieren Sie Ihren Zögling vor einer naturfarbenen, hellen Wand. Diese sollte entweder leer sein oder ein thematisch passendes Bild halten, wie zum Beispiel eine Schriftrolle mit japanischen Schriftzeichen oder eine ähnliche, asiatische und schlichte Abbildung. Auch ist es möglich, dass Sie den Bonsai auf einem schlichten Kiesbett präsentieren und eine dezente Beleuchtung anbringen.

Aber nicht nur das Arrangement Ihres Bonsais ist wichtig, sondern auch der Bonsai selbst. So, wie die Umgebung zu dem Bonsai, seinem Stil und seiner Größe passen muss, müssen auch die einzelnen Elemente des

Bonsais miteinander harmonieren. Dementsprechend sollte die Blatt- oder Nadelgröße auch an die Höhe und den Umfang des Stammes und der Äste angepasst sein. Das Gesamtergebnis sollte ein harmonisches Bild ergeben, bei dem sich der Betrachter rundum wohlfühlt.

STILE

Im Grunde genommen ist es vollkommen irrelevant, wie Sie Ihren Bonsai gestalten. Sie können einen Baum aus Ihrer Gegend versuchen, nachzustellen oder einen von einer Postkarte aus Ihrem Lieblingsreiseland. Sie können auch Ihren Baum so trainieren, wie es Ihnen gefällt, ohne sich ein natürliches Vorbild zu nehmen oder einem der Stile explizit folgen zu wollen. Nichtsdestotrotz gibt es auch in der Bonsai-Kunst zahlreiche Stile, die sich nachahmen lassen; diese Stile möchte ich Ihnen nun vorstellen. Ob Sie sich davon inspirieren lassen oder einen eigenen Stil wählen, ist ganz Ihnen überlassen. Welche Baumarten sich für die verschiedenen Stile eignen, finden Sie im Bonusteil.

Bankan

Der aufgerollte oder verdrehte Stil ist eine besonders beliebte Form, um beispielsweise die Gestalt eines Drachens oder eines anderen Tieres nachzuahmen. Wie der Name bereits andeutet, sind Äste und Stamm dabei stark verschlungen. Der Aufwand für diese Art der Gestaltung ist etwas höher, da die Windungen schwer mit Witterungsverhältnissen zu erstellen sind und somit ein häufiges Verdrahten, Pfropfen oder andere Trainingsmaßnahmen notwendig sind, um die gewünschte Form zu erreichen.

Meist werden hierfür nicht-blühende Arten genutzt, da dies unter Umständen die Optik verschlechtern kann. Der von Ihnen gewählte Setzling sollte dabei schon die Bereitschaft zeigen, Windungen anzunehmen, und er sollte auch gebogene oder gewundene Äste haben. Möglicherweise erinnert Sie die Form des Setzlings auch an ein Tier, sodass Sie schon bei der ersten Begegnung ein finales Bild Ihres neuen Mitbewohners vor Augen haben.

Bunjingi

Dieser Stil ist in unseren Breitengraden besser bekannt als Literatenform und gilt als die traditionelle Form der japanischen Bonsaikunst. Oftmals ist der Stamm dieser Form elegant geschwungen und trägt nur wenige Äste sowie leichte Belaubung. Diese Form der Bonsaistile entstand gemeinsam mit der minimalistischen japanischen Philosophie, bei der alles auf das Nötigste reduziert wurde. Genau dieser Aspekt macht den Stil so kompliziert: Sie müssen genau auswählen, welche wenigen Äste und Blätter Sie an dem filigranen Stamm belassen, um eine möglichst schöne, poetische und einfache Form zu behalten.

Hierbei ist zu berücksichtigen, dass Sie abgetrennte Baumteile nicht oder nur sehr schwer wieder anbringen können, weswegen Sie schon vor dem Beschneiden sehr genau wissen sollten und abschätzen müssen, wie die reduzierte Form am Ende aussehen soll.

Auch sollten Sie hierbei genau auf die Auswahl des Topfes achten, da dieser die dezente Form Ihres Kunstwerks unterstreichen sollte. Üblicherweise wird dieser Bonsaistil neben einer japanischen Schriftrolle mit einem Gedicht präsentiert, da Bäume dieses Stils oftmals mit Gedichten beschrieben wurden und werden – daher der Name „Literatenstil".

Chokkan

Dieser streng-aufrechte Stil ist eine der leichteren Formen, da hierfür nahezu alle Baumarten genutzt werden können. Wichtig ist dabei, dass Ihr Setzling bereits sehr gerade wächst. Dabei ist das untere Ende des Stamms dicker und verläuft dann nach oben in dünnerer Form. Die Äste sind gleichmäßig verteilt, wobei die untersten die längsten sind und die Länge sich nach oben verkürzt. Oftmals ist es gern gesehen, wenn die Äste abwechselnd, ähnlich wie Stufen, und waagerecht am Stamm stehen, aber auch Äste, die sich gegenüberstehen, sind denkbar. In der Natur zeigt sich dieser Stil in leicht bewachsenen Gegenden, in denen die Bäume wenig Einflüssen ausgesetzt sind und somit nicht durch Schatten, Wind und nahestehende Konkurrenz gezwungen werden, sich einen Weg zu bahnen.

Diese Bäume können ohne Druck von außen geradewegs nach oben wachsen und sich gleichmäßig ausbreiten. Für Anfänger ist dieser Stil besonders geeignet, da aufwendige Verdrahtungen und andere große Maßnahmen meist unnötig sind, wenn der Setzling bereits die richtigen Voraussetzungen mitbringt.

Fukinagashi

Später lernen Sie noch den Shakan-Stil kennen, der diesem „windgepeitschten" Stil etwas ähnelt. Es handelt sich bei beiden Stilen um Bäume, die durch den Wind gezwungen wurden, schräg oder sogar sehr schräg zu wachsen. Bei dem jetzigen Stil ist es jedoch zusätzlich so, dass der Wind auch die Äste in die gleiche Richtung weht, in die der Stamm wächst. Dieses Aussehen ist nur mit Verdrahtung und Pfropfen herzustellen, was nicht als Anfänger-freundlich gilt. Dennoch würden Sie sich hierbei für einen einzigartig aussehenden Stil entschieden, der Ihnen sicherlich Freude und Bewunderung bringen wird.

Han-Kengai

Hierbei handelt es sich um die Halbkaskadenform, die sich entweder waagerecht oder leicht nach unten über den Rand des Topfes hinaus, aber nicht darunter, neigt. In der freien Natur finden Sie diese Form meist an steilen Abhängen und Klippen, bei denen die Bäume aufgrund der Witterungsverhältnisse nicht gerade aufrecht wachsen können. Hierbei sind die Wurzeln auf der Seite, auf die der Stamm wächst, stärker als die auf der windigen Seite, da diese den Baum stützen und vom Umkippen abhalten.

Der Han-Kengai-Stil ist mit einer kleinen, aber unregelmäßig geformten Krone gesegnet, deren Äste erst mit dem Stamm und dann leicht nach oben wachsen. Damit Ihr Bonsai ausreichend Möglichkeiten hat, um starke Wurzeln zu entwickeln, sollten Sie einen etwas tieferen Topf besorgen. Auf diese Weise hat Ihr Bonsai die Chance, sein Wurzelgeflecht ausreichend zu verteilen.

Hokidachi

Der Hokidachi ist im Grunde genommen eine meist streng aufrechte Stammform, bei der die Form der Krone ausschlaggebend für den Stil ist, denn die Äste beginnen erst nach mindestens einem Drittel des Stammes und die Blätter – dieser Stil ist ausschließlich für Laubbäume geeignet – formen eine meist kugelrunde Krone. Der Stamm ist sehr robust sowie gleichmäßig und das Blätterdach ist sehr dicht.

Diese Form ist sehr anfängertauglich, da lediglich Beschneidungen notwendig sind, Verdrahtungen und andere schwerere Techniken hingegen sind eher selten. Was jedoch eine Herausforderung ist, ist die Beobachtung des Baumes bezüglich Schädlingen, da die Krone sehr dicht und schwer zu durchdringen ist. Hierbei ist dementsprechend besondere Vorsicht geboten.

Ikadabuki

Der Ikadabuki- oder auch Floß-Stil ist definitiv eine Wahl für erfahrene Botaniker oder Bonsaizüchter. Hierbei geht es darum, einen Baum gezielt umfallen zu lassen, sodass deren herunterragende Zweige den Boden berühren und dort Wurzeln schlagen, sodass das Konstrukt wirkt, als wäre es ein kleiner Wald, der jedoch nur ein gemeinsames Wurzelsystem hat. Wichtig hierbei ist, dass die Zweige wenigstens zu fünft sind oder die Zahl höher und ungerade ist und die anderen Zweige, die in die Luft zeigen, eine gemeinsame Krone bilden. Die Herausforderung bei diesem Stil besteht darin, die Mehrdimensionalität optisch herzustellen.

Ishitsuki

Diese Felsform, übersetzt „am Stein befestigt", zeigt einen Bonsai, der mit sehr wenig Erde auf einem großen Stein wächst und in einem Wasserbad liegt. Damit die Erde nicht davon geschwemmt wird, benötigen Sie eine spezielle Erdmischung, die besonders kompakt und klebrig ist und die Sie aus Akadama und Kompost herstellen können. Mehr zu den speziellen Erd-Mischungen lernen Sie später im Kapitel Boden. Wichtig, wenn Sie sich den Felsen aussuchen, ist, dass dieser einige Spalten und Risse aufweist, wohin die Wurzeln können, um dem Baum Stabilität zu verleihen. Bei diesem Stil sollten Sie dem Baum möglichst viel Freiraum lassen, wenn Sie Anfänger sind. Wenn Sie etwas mehr Erfahrung haben, können Sie aber auch mit Mehrfachstämmen experimentieren oder vorsichtige Verdrahtungen für gewundene Stämme und Äste vornehmen.

Bei diesem Stil ist besonders auf die Wurzeln und deren Gesundheit zu achten, da diese sehr offen liegen und damit anfällig für Krankheiten und Schädlinge sind. Weiterhin ist bei Ishitsuki das Düngemittel anzupassen, damit die Wurzeln mehr Nährstoffe bekommen und möglichst stark werden.

Kabudachi

Übersetzt heißt dieses japanische Wort „stehend auf dem Baumstumpf". In der Realität heißt dies, dass drei, fünf oder mehr Stämme aus einem Wurzelstamm entspringen. Wichtig ist dabei, dass es sich um eine ungerade Anzahl an Stämmen handelt, da dies optisch angenehmer für das Auge ist und natürlicher aussieht. Eine gerade Anzahl ordnet sich meist symmetrisch an und ist somit weniger angenehm anzusehen. Die verschiedenen Stämme sind hierbei jeweils unterschiedlich hoch und dick, wobei sich ein Stamm besonders durch seine Eigenschaften hervorhebt und den Hauptstamm bildet. Gemeinsam mit den anderen Stämmen und einigen Ästen bildet dieser die Krone, die meist einem Dach ähnelt und somit spitz zuläuft.

Meist verlangt dieser Stil einigen Aufwand und viel Geduld, da die Zucht mehrerer Stämme sehr langwierig sein kann. Nichtsdestotrotz sieht das Gesamtergebnis sehr beeindruckend aus, da es wirkt, als würde sich ein kleiner Wald in Ihrem Bonsaitopf erheben. Die Stämme sind meist streng oder frei aufrecht, da andernfalls zu viel Unruhe im Bild herrschen würde.

Kengai

Kengai, vielleicht können Sie es sich denken, ist die reine Kaskadenform, bei der die Baumspitze sich unterhalb des Topfrandes befindet. Ob Ihr Bonsai hierbei erst waagerecht oder in einem Bogen nach untern wächst, ist dabei Ihnen und Ihrem Bonsai überlassen. Wichtig ist hierbei, dass Sie darauf achten, einen besonders tiefen Topf zu kaufen, damit der Baum eine gute Möglichkeit hat, sich starke Wurzeln aufzubauen. Um diese Form zu erhalten, ist eine ausführliche Verdrahtung und Geduld notwendig, da Sie meist den Setzling nicht direkt in die gewünschte Form bringen können, sondern diese nur nach und nach mit mehreren Verdrahtungen erreichen können.

Moyogi

Dieser Stil ist so etwas wie der entspannte Bruder des Stils Chokkan. Moyogi ist der frei aufrecht gewachsene Baum, bei dem wie bei Chokkan die Baumspitze über dem Stammbeginn ist, allerdings biegt sich der Stamm auf dem Weg dorthin wie eine Schlange hin und her. Die Äste sollten in diesem Fall abwechselnd stehen, wie es die Natur machen würde, um das Ungleichgewicht durch die Windungen auszugleichen. Somit wäre der erste Ast bei einer Linksbiegung auf der rechten Seite und der nächste Ast bei einer Rechtsbiegung auf der linken Seite und so weiter. Somit bleibt der Baum nicht nur optisch stabil.

Neagari

Dieser Stil beschreibt eher die Wuchsart der Wurzeln, Stamm und Äste können Sie in einem der anderen Stile gestalten. Achten Sie jedoch darauf, dass bei diesem Stil der Fokus auf den Wurzeln liegen soll und halten Sie daher den Stamm recht kurz und die Krone schlicht. Neagari lässt sich in etwa übersetzen mit „oberirdische, ausgebreitete Wurzeln", was Ihrem Baum in jedem Fall ein schönes Alter verschafft, da oberirdisch liegende Wurzeln auf ein fortgeschrittenes Alter des Bonsais hinweisen. In der freien Natur wird diese mit der Auswaschung des Bodens durch starke oder andauernde Regenfälle erreicht oder dadurch, dass andere, bereits verstorbene Pflanzen, auf denen die Bäume wachsen, verrotten und somit den Platz unter den Wurzeln freiräumen, wodurch die Erde nachrutscht.

Für den Neagari-Stil sollten die Wurzeln sehr deutlich aus dem Boden herausstehen. Sind lediglich die Wurzelansätze zu sehen, nennt man es im Fachjargon Nebari, was wiederum zum guten Ton bei der Bonsaizucht gehört. Man sollte darauf achten, dass der kräftige Stammansatz gemeinsam mit den Ansätzen der Hauptwurzeln sichtbar oberirdisch ist.

Netsuranari

Hierbei handelt es sich um eine abgewandelte Form des Mehrfachstammes (Kabudachi), mit einer ungeraden Anzahl an Stämmen, die sich teils erst nahe am Boden befinden, bevor sie sich den Weg nach oben bahnen. Wie bei den anderen Formen der Mehrfachstämme bilden die Äste aller Stämme gemeinsam eine Krone. Selten sind die Stämme stark gewunden, denn auch hier wird meist der frei oder streng aufrechte Stil bevorzugt.

Sankan

Der Dreifachstamm ist die glücklichere Variante des Sokan-Stils, da es hierbei drei Stämme gibt, von denen die beiden größeren Vater sowie Mutter und der kleinere Sohn genannt werden. Diese drei Stämme entspringen derselben Wurzel und bilden in der Krone gemeinsam eine Einheit, wie es eine kleine Familie tut. Auch hier kann mit Verdrahtung und Pfropfen gearbeitet werden, was für einen Anfänger eine Herausforderung darstellen kann.

Weiterhin wachsen die Stämme auch hier meist frei aufrecht, die Wuchsrichtung der Äste sollte zwischen den Stämmen optisch angenehm sein.

Seki-joki

Ähnlich wie beim Ishitsuki-Stil benötigen Sie hier einen großen Stein, um den die Wurzeln in diesem Fall herumwachsen können. Der Stamm liegt oben auf dem Stein auf und im Gegensatz zu Ishitsuki sind die Wurzeln um den Stein herum und nicht in Spalten und Rissen verankert. Auch hierbei ist auf eine bestimmte Erdmischung zu achten und Anfänger sollten vorerst mit anderen Bonsaistilen arbeiten, besonders, wenn Sie wenig Geduld mitbringen, denn diese beiden Stein-Stile benötigen viel Aufmerksamkeit und Pflege, bis der Baum das Gleichgewicht selbst hergestellt hat und es halten kann.

Shakan

Hier lernen Sie den geneigten Stil kennen, der sich weiterhin unterscheiden lässt in stark geneigt (Dai-Shakan), mäßig geneigt (Chu-Shakan) und wenig geneigt (Sho-Shakan). Bei der starken Neigung kann der Stamm in einem Winkel bis zu 80 Grad zum Boden wachsen.

Dabei wirkt und ist er jedoch nicht schwach oder droht, zu entwurzeln, sondern er steht aufgrund seines überaus starken Wurzelsystems stabil. In der Natur wird diese Form durch mäßigen bis starken, aber stetigen Wind erzeugt. Der Stamm des Baumes fügt sich den Gegebenheiten und neigt sich mit dem Wind. Für die Präsentation dieses Stils eignet sich am besten ein ovaler oder rechteckiger Topf, auf jeden Fall sollte er länglich sein und in etwa zur Länge das Baumes passen, denn dieser Stil wird so in den Topf gepflanzt, dass er sich von der einen Seite hinüber zur anderen neigt. Da es schwer ist, diesen Stil durch Witterungsverhältnisse zu erzeugen, ist es nötig, den Setzling in einer noch frühen Phase so zu verdrahten, dass er in die gewünschte Neigung wächst. Oft wächst der Stamm nach einiger Zeit doch aufrecht weiter und die Äste wachsen gleichmäßig an den Seiten des Baumes, sodass sich eine schöne Krone bildet.

Sharimiki

Es wurde zuvor bereits kurz angeschnitten: Die Form, bei der ein Bonsai durch Witterungsbedingungen einen Teil der Rinde abstößt und sich nicht weiterentwickelt, sondern abstirbt, nennt sich Sharimiki. Diesen Stil können Sie unterstützen, indem Sie den gewünschten Teil des Stamms mit einem scharfen Messer sorgsam von der Rinde befreien und entweder mit Jinmittel bestreichen oder der Sonne zuwenden, um ein Ausbleichen des Holzes zu erzwingen.

Sokan

Der sogenannte Zwillingsstamm besteht aus einem größeren, dickeren Hauptstamm, dem Vater, und einem kleineren, schmaleren Stamm, dem Sohn, die sich entweder eine gemeinsame Wurzel teilen oder der Sohn entspringt dem Vater sehr nahe an der Erde, sodass es wirkt, als würden beide der Wurzel direkt entspringen.

Meist wird für diesen Stil die frei aufrechte Form gewählt, da der Hauptstamm durchaus eine kleine Konkurrenz hat und sich damit abfinden muss, nicht perfekt aufrecht wachsen zu können. Die einfachste Methode, um diesen Stil zu erhalten, ist das Pfropfen, aber auch mit dem Verdrahten kann man hier mit etwas Übung schöne Ergebnisse erzielen. Wichtig ist, dass man Geduld hat und die Äste der beiden Stämme eine gemeinsame Krone ergeben.

Yose-ue

Grob übersetzt heißt dieser japanische Begriff „in einer Gruppe gepflanzt" und ist besser bekannt als „der Wald". Hierbei handelt es sich um eine Ansammlung verschiedener, sehr kleiner Bonsais, deren dickster und größter innerhalb der Gruppe auf etwa einem Drittel der Fläche stehen, die anderen Bäume sollten darum herum wachsen, wobei erneut auf eine ungerade Zahl zu achten ist.

Bei diesem Stil sollten Sie alle Pflanzen gleichermaßen im Blick haben, was sich als aufwendig gestaltet. Dabei ist ebenso wichtig, dass das Blätterdach zwar als Einheit ersichtlich ist, aber sich nicht so verflechtet, dass Sie die Bäume nicht mehr separieren können. Dies ist besonders für den Fall von Schädlingen und das Umtopfen wichtig.

INSPIRATIONEN

Um sich eine Inspiration zu holen, ist es im Grunde genommen ausreichend, wenn Sie sich etwas Zeit in der freien Natur gönnen. Gehen Sie spazieren, auch, wenn Sie im Urlaub in anderen Ländern mit Ihnen unbekannter Vegetation sind. Besonders in den Bergen werden Sie tolle und abstrakte Formen verschiedener Baumarten finden. Auch können Sie sich in zahlreichen Foren und auf Fachseiten der Bonsai-Community Inspirationen suchen, falls Ihnen die hier angebrachten nicht ausreichen sollten.

Im Regelfall sind Bonsais zwischen 20 und 70 Zentimeter groß. In dieser Größe können Sie, je nachdem, wie groß und breit die Schale und die Krone sind, den Bonsai noch allein transportieren. Wichtig ist, dass Sie sich überlegen, wie Sie Ihren Bonsai präsentieren möchten. Wie Sie mittlerweile wissen, kann ein einzelner Bonsai das gesamte Universum darstellen. Daher können Sie Ihren Bonsai allein, in einer dezenten Schale und ohne große Dekoration auf einer freien Fläche präsentieren, beispielsweise auf einem schlichten Holztischchen in einem großen Zimmer oder mitten auf einer großen Rasenfläche.

Sie können jedoch auch mit Ihrem Bonsai eine Geschichte erzählen oder einen Ort nachahmen. So können Sie beispielsweise einen größeren Bonsai, vielleicht eine Weide, mitten in Ihrem Gartenteich platzieren, wo der Baum auf einer einsamen Insel angesiedelt ist. Oder Sie platzieren ihn auf einem großen Haufen aus Natur- oder Kalksteinen, um ein Miniaturgebirge in Ihrem Garten zu präsentieren.

Wenn Sie mehrere Bonsai-Bäume besitzen, können Sie mit diesen auch einen kleinen Wald aufbauen oder, sofern die Bonsais wenigstens 40 Zentimeter hoch sind, können Sie in Ihrem Garten eine Wandelstrecke aufbauen, die auch einen Steingarten beinhaltet und eben Ihre Bonsais, die jeweils einzeln präsentiert werden.

Eine besondere Präsentation ist die Kombination Ihres Bonsais mit einem Stück Totholz. Hierbei wird ein schönes Stück Treibholz oder ein anderweitig besorgtes totes, naturbelassenes Stück Holz am Stamm befestigt, sodass es von Ästen und Zweigen gehalten wird. Hierbei entstehen besonders schöne Kombinationen, wenn das tote Holz eine andere Farbe und Maserung hat als der lebende Bonsai. In manchen Fällen haben Sie das Glück und Ihr Bonsai bildet von selbst einen Teil Totholz. Dies geschieht meist witterungsbedingt. In einem solchen Fall ist der Stamm bereits perfekt an das verstorbene Holz angepasst, denn ein Teil des Stammes hat seine Rinde verloren und wächst nicht mehr weiter. Eine solche Form nennt sich Sharimiki.

LANDSCHAFTEN

Eine Besonderheit in der Bonsai-Kunst ist das sogenannte Penjing, also die Präsentation einer Landschaft auf einem Tablett. Aber auch kleinere Landschaften sind möglich. So können Sie zum Beispiel kleine Figuren an Ihrem Bonsai platzieren, zum Beispiel eine Person, die an den Stamm gelehnt ein Buch liest, oder Ähnliches. Bereits mit einer Figur erhält Ihr Bonsai sogleich eine vollständig neue Optik und Ausstrahlung.

Bei größeren Tablett-Landschaften sind Ihnen keine Grenzen gesetzt. Sie können Gebirgslandschaften nachstellen, eine kleine Straße mitten in einer Stadt mit einem Bonsai versehen, einen Park oder einen Teich auf einem Tablett gestalten.

Fernab der Miniaturlandschaften gibt es auch Gartenlandschaften, von denen Sie einige Ideen bereits im vorigen Abschnitt kennenlernen durften. Wie aber können Sie Ihren Garten so gestalten, dass einer oder mehrere Bonsais gut zur Geltung kommen? In erster Linie kommt es dabei auf die Komposition der einzelnen Komponenten an.

Achten Sie darauf, dass Sie entweder Ihren kompletten Garten oder einen extra dafür hergerichteten Abschnitt ausschließlich auf die Präsentation Ihrer Kunstwerke auslegen. Dazu eignen sich besonders Deko-Elemente, die aus dem asiatischen Raum stammen. Sie können zum Beispiel wunderbar die Kunst der Bonsaizucht mit anderen Künsten aus dem asiatischen Raum kombinieren.

Kreieren Sie mit Sand und größeren Steinen einen Steingarten von wenigstens 6 Quadratmetern, in dem Sie einen Bonsai von wenigstens einem halben Meter Größe platzieren. Achten Sie jedoch darauf, dass der Baum nicht zentral steht, sondern etwa bei einem Drittel der Seitenlänge oder am Rand des Gartens. Alle Gegenstände zu zentrieren ist eine westliche Angewohnheit. Das Zentrum gehört in Asien dem Himmel und der Erde. Steht Ihnen kein ganzer Garten zur Verfügung, können Sie diesen Plan auch in wesentlich kleinerem Umfang gestalten.

Miniatur-Zen-Gärten sind schon für kleines Geld erhältlich und nehmen gern einen Bonsai bis zu 20 cm Höhe auf.

Wenn Sie einen Gartenteich haben, den Sie mit einem Bonsai aufwerten möchten, so ist es eine hervorragende Ergänzung, wenn Sie Koi in Ihrem Teich ansiedeln. Ob Sie dann den Bonsai als Insel in den Teich setzen oder den Rand des Teichs mit Kies auslegen und darauf einen oder mehrere Bonsais platzieren, ist ganz Ihnen überlassen. Wenn Sie sich für das Kiesbett entscheiden, nutzen Sie am besten weiße Kiesel mit einer Durchschnittsgröße von drei bis fünf Zentimetern. Sie können auch einige schwarze Steine derselben Größe daruntermischen, um einen Gegensatz zu erzeugen, der so dezent ist, dass er nicht von Ihrem Kunstwerk und dem Teich ablenkt.

Wenn Sie lieber einen bunten Garten mögen, können Sie auch mit Rasen, Sand, Steinen und Bonsais arbeiten. Hierbei ist die Anordnung nicht wichtig, solange diese Ihnen zusagt. Vielleicht finden Sie noch eine Buddha-Statuette, die in der Größe angemessen ist, oder einige große Steine. Damit können Sie ein wunderschönes Bild in Ihrem Garten erzeugen.

Wenn Sie nur die Bonsais präsentieren wollen, erhalten Sie im Fachhandel wunderbare Präsentationsregale. Diese platzieren Sie an einem sonnigen Platz, wobei Sie darauf achten, dass Kieferngewächse weiter oben stehen; Eiben und Laubbäume vertragen oft auch Halbschatten, weshalb diese auf den unteren Ebenen Platz finden können. Beachten Sie jedoch, dass hierbei die Schalen und Töpfe am besten in der gleichen Farbe und in ähnlicher Form sind, um das Gesamtbild nicht zu chaotisch zu gestalten. Die Töpfe sollen schließlich den Bonsai in der Präsentation unterstützen und nicht von diesem ablenken.

Der erste Bonsai – Die perfekte Umgebung

Bonsais sind, wie Sie mittlerweile wissen, keine eigene Gattung, die nach Gutdünken behandelt werden kann. Es handelt sich um normale Bäume – mit den normalen Bedürfnissen eines Baumes. Im Gegensatz zu vielen anderen Pflanzen können Sie einen Baum nicht einfach auf Ihre Fensterbank stellen, gelegentlich gießen und erwarten, dass er sich so entwickelt, wie Sie es sich wünschen.

Es bedarf viel Aufmerksamkeit, am besten täglicher Prüfung der Pflanze und ein- bis zweimal jährlich einer mehrstündigen Aufmerksamkeit, bei Krankheit oder Schädlingsbefall auch öfter. Sinnvoll ist es, wenn Sie sich täglich eine feste Zeit setzen, zu der Sie die Konditionen des Bonsais prüfen und gegebenenfalls einige Minuten investieren, um die Konditionen wieder zu perfektionieren. Lassen Sie uns nun schauen, welche Konditionen Sie beachten und was Sie im Allgemeinen für das Training Ihres neuen Schützlings wissen sollten.

AUSWAHL DES BONSAIS

Es gibt zwei Dinge, die Sie zuerst entscheiden müssen, bevor Sie sich einen Bonsai beschaffen:

1. Womit wollen Sie beginnen: einem Setzling oder einem Samen?
2. Welche Art kommt für den von Ihnen gewählten Stil infrage?

Bei der ersten Entscheidung sollten Sie folgende Informationen einbeziehen: Das Züchten eines Bonsais aus einem Samen dauert einige Jahre. Es ist möglich und der große Vorteil ist, dass Sie von Beginn an dabei helfen können, den Baum in die von Ihnen gewünschte Form zu bringen, allerdings dauert es mindestens drei Jahre nach dem Einpflanzen, bis Sie mit dem Training beginnen können.

Einen Setzling zu nutzen, ermöglicht es Ihnen, schneller an die gewünschte Form zu gelangen, allerdings ist dieser bereits so groß, dass die Möglichkeit gegeben ist, dass Sie nicht mehr die freie Entscheidung bezüglich des Stils haben. Die meisten Setzlinge sind jedoch noch sehr frei in der Art des Stils, daher ist hiermit meines Erachtens die günstigere Wahl getroffen. Wie Sie einen Bonsai aus einem Samen züchten können, erkläre ich Ihnen am Ende dieses Kapitels.

Lassen Sie uns nun besprechen, worauf Sie bei der Wahl Ihres Setzlings achten sollten, wobei Sie wieder die Auswahl haben, ob Sie den Setzling in einem Gartencenter käuflich erwerben oder selbst in den nächsten Wald gehen und einen kleinen Baum aus freier Natur besorgen. Der große Vorteil der letzten Möglichkeit ist, dass Sie auf diese Weise einen Baum besorgen, der bereits an die in Ihrer Heimat gegebenen Bedingungen angepasst ist, Sie können diesen dementsprechend problemlos in Ihrem Garten aufziehen. Nachteilig an dieser Variante ist, dass Sie nicht wissen, ob diese Pflanze nicht bereits von Schädlingen befallen ist oder an anderen Erkrankungen leidet. Sicherlich können Sie dies ausgiebig prüfen und sollten dies auch beim Kauf einer Pflanze in einem Geschäft beachten, allerdings ist es für den Laien oft schwierig, zu erkennen, ob der neue Bonsai bereits erkrankt ist oder nicht. Ebenso besteht beim Sammeln in freier Natur die Gefahr, dass Sie Schädlinge aus dem Erdreich mitnehmen oder beim Ausgraben versehentlich die Wurzeln beschädigen, da Sie nicht abschätzen können, wo diese entlanglaufen.

Die Wahrscheinlichkeit, dass so etwas beim Kauf eines Setzlings geschieht, ist zwar nicht vollkommen ausgeschlossen, jedoch wesentlich geringer. Daher sollten Sie beim Kauf eines Bonsais folgendermaßen vorgehen, um einen guten, gesunden Baum zu finden, der zu Ihnen passt:

- Achten Sie darauf, dass die Blätter grün und gesund sind, also weder braune, gelbe oder trockene Stellen aufweisen noch von Schädlingen befallen sind. Prüfen Sie dazu die Blätter auch von der Unterseite, da sich viele Schädlinge dort einnisten. Achten Sie diesbezüglich darauf, ob sich schleimige Spuren an Ästen und/oder an der Rinde befinden, merkwürdige Löcher im Stamm oder an den Zweigen sind oder ob sich wollähnliche Gebilde am Baum befinden. Diese Merkmale weisen auf Schädlingsbefall hin, was zwar nicht zwingend ein Todesurteil für den Baum darstellt, Ihnen aber den Einstieg in das Training des Bonsais unnötig erschwert.

- Die Wurzeln sollten stark ausgeprägt sein und ein dicht gewebtes, radiales Muster ergeben. Wünschen Sie einen Bonsai, der bereits gealtert aussieht, sollten die Wurzeln bereits an einigen Stellen aus der Erde herausragen. Die meisten Wurzeln sollten weiß und faserig sein, wobei auch einige wenige, starke und braune Wurzeln dabei sein können. Prüfen Sie in jedem Fall die Gesundheit der Wurzeln, diese sollten nicht faulig riechen oder aussehen, da Wurzelfäule oft wegen Pilzbefall entsteht und damit wäre Ihr Einstieg ebenfalls erschwert.
- Beachten Sie auch die Qualität, Frische und Feuchtigkeit der Erde. Wenn Sie den Finger etwa einen Zentimeter tief in das Erdreich stecken, sollte sich die Erde dort noch leicht feucht, aber nicht zu nass oder zu trocken anfühlen.
- Ebenfalls sollte die Erde keine weißen Schlieren, Egerlinge, Maden oder andere Parasiten aufweisen, beispielsweise kleine, weiß-gelbliche Halbmonde, die sich als Maikäferlarven entpuppen könnten.
- Betrachten Sie nun die Optik des Baumes. Gehen Sie dazu auch gern ein Stück zurück und betrachten Sie die Pflanze im Ganzen: Wie sieht Ihr neuer Bonsai aus? Gefällt Ihnen das Gesamtbild?
- Sie haben in etwa eine Idee im Kopf, wie Ihr Baum in seiner finalen Form sein soll: Wünschen Sie einen aufrechten Wuchsstil oder eher eine schräge, gedrehte oder gar die Kaskadenform? Der Setzling gibt mit Sicherheit bereits einige mögliche Stile vor. Betrachten Sie den Wuchs des Stammes genau, dessen Windungen, dessen Stärke, dessen bisherige Höhe und auch die Äste und Blätter. Passt die bisherige Wuchsrichtung zu Ihrem Wunschstil?
- Wie wachsen die Äste? Sind diese so gewachsen, dass Sie sie an Ihren Wunsch anpassen können oder würden Sie mit Ihrem gewünschten Stil den Baum in eine eher unnatürliche Form bringen?

- Passt die Größe der Blätter zu der Größe des Setzlings? Sie können zwar die Blätter auch etwas kleiner neu wachsen lassen, dennoch ist es sinnvoll, so viele gewünschte Attribute an dem Setzling wie möglich zu finden.
- Wie gefällt Ihnen die Rinde bei genauer Betrachtung? Ist diese bereits leicht gealtert, hat sie eine schöne Maserung und haben Sie das Gefühl, die Optik der Rinde passt zu Ihren Wünschen?
- Im Allgemeinen: Wenn Sie den Setzling betrachten, was fühlen Sie? Es klingt möglicherweise merkwürdig, aber wenn Sie einen Setzling kaufen, mit dem Sie sich nicht wohlfühlen, dann werden Sie am Training Ihres Bonsais keinen Gefallen finden: Sie und Ihr Bonsai sollten harmonieren, daher hören Sie in sich hinein, ob der Baum, der vor Ihnen steht, Ihnen ein gutes Gefühl vermittelt.

Wenn Sie diese Punkte beachten und auch beim Händler allgemein ein gutes Gefühl haben, investieren Sie das Geld in den Setzling und freuen Sie sich über Ihre Entscheidung.

AUSWAHL DES TOPFES

Für die Auswahl des Topfes gibt es keine bestimmten Richtlinien. Einige Stile erfordern bestimmte Höhen oder Breiten, dazu im Bonusteil mehr. Zu Beginn ist es das wichtigste Kriterium, dass Ihnen die Komposition aus Topf und Bonsai gefällt, alle weiteren Kriterien sind optional, denn die Arbeit mit dem Bonsai und das Betrachten sollen Ihnen Spaß machen und nicht nach einem Lehrbuch gestaltet sein.

Wenn Sie Ihren Bonsai ausgewählt haben, betrachten Sie ihn genau: Wirkt er auf Sie eher maskulin oder feminin? Sind die Äste gewunden, der Stamm vielleicht rundlich oder an manchen Stellen ausgebeult, sodass er auf Sie einen weiblichen Eindruck macht, oder hat der Bonsai einen sehr starken Stamm mit geraden Ästen, wirkt kantig und maskulin? Achten Sie auch auf die Rinde: Ist diese eher zart und weich, wie die Haut einer Frau, oder eher robust, eventuell etwas schartig, wie raue Männerhände? Geben Sie sich einige Minuten Zeit, um herauszufinden, ob eher ein eckiger maskuliner oder ein runder femininer Topf zu Ihrem Bonsai passt.

Als nächsten Punkt können Sie sich merken, dass ein Topf im Umfang kleiner ausfallen sollte, wenn er beispielsweise für einen Kaskadenstil besonders tief sein muss. Wünschen Sie eher einen breiten Topf, sollte dieser flach sein, zum Beispiel, wenn Sie vorhaben, mehrere Stämme anzuzüchten. Der Topf sollte immer genug Volumen haben, um die Wurzeln zu halten. Wenn Sie beispielsweise einen Stil wählen, bei dem eine große Baumkrone notwendig ist, möglicherweise auch eine asymmetrische, dann sollte der Topf ein ausreichendes Fassungsvermögen haben, um das notwendige Wurzelwerk Ihres Bonsais zu halten.

Auf der anderen Seite sollte er jedoch auch nicht zu groß sein, da dann der Bonsai in seinem Topf möglicherweise untergeht und/oder zu schnell zu starke Wurzeln entwickelt und dementsprechend zu schnell wächst. Zu starkes Wachstum kann Ihnen den Spaß daran verderben, denn dann haben Sie mehr Arbeit mit dem Bonsai, um den von Ihnen gewünschten Stil zu kultivieren. Als Faustregel können Sie sich merken, dass die Tiefe des Topfes in etwa das Doppelte vom Durchmesser des Stammes betragen sollte, auch sollte der Topf in der Breite etwa 150 % der Höhe Ihres Bonsais haben. Ist Ihr Bonsai also 10 cm hoch und 1 cm dick, kann Ihr Topf gut und gerne 15 cm breit und 2 cm tief sein. Da Ihr Bonsai jedoch wächst, werden Sie mit der Zeit den Topf anpassen müssen. Farblich haben Sie die freie Wahl. Unter den Bonsaikünstlern ist es jedoch angesehen, wenn der Topf keine auffälligen Farben oder Muster hat, sondern lediglich die Präsenz des Bonsais unterstreicht, anstatt von dieser abzulenken.

Da Sie anfangs ohnehin noch Ihren Bonsai trainieren, können Sie sich im Fachhandel auch einen Trainingstopf besorgen, der Ihrem finalen Wunsch ähnelt. So oder so ist es unabdingbar, dass Ihr Topf ein Abflussloch von wenigstens 10 mm Durchmesser hat. Diese Löcher sind wichtig, damit das überschüssige Wasser abfließen kann. Außerdem befestigen Sie beim Eintopfen die Hauptwurzel Ihres Baumes mit Draht an diesem Loch. So gewährleisten Sie, dass dieser sich nach dem Umsetzen stabil in seinem neuen Zuhause hält. Zusätzlich bedecken Sie die Abflusslöcher mit etwas Vlies, um das Herausfallen von Substrat und Erde zu verhindern.

LICHT

Viele Anfänger in der Bonsaizucht vergessen häufig, dass es sich bei einem Bonsai um einen richtigen, wenn auch kleinen, Baum handelt. Bäume lassen sich nicht wie zahlreiche Zimmerpflanzen problemlos in der Wohnung halten, sie haben andere Bedürfnisse als Blumen. Eines der wichtigsten Bedürfnisse der Bonsais ist Licht, und zwar Sonnenlicht. Dabei gilt es, zu beachten, dass einige Baumarten besondere Lichtverhältnisse benötigen. So gibt es einige Arten, die nur wenig direkte Sonneneinstrahlung vertragen, andere wiederum sind darauf angewiesen, das Gleiche gilt für Halbschatten. Auch ist es wichtig, dass Sie nach dem Umtopfen, dem Beschneiden, nach Schädlingsbefall oder einer Krankheit auf die richtigen Lichtverhältnisse achten, da Ihr Bonsai in diesen Situationen besonders anfällig ist und keinem zusätzlichen Stress ausgesetzt sein sollte.

Es besteht die Möglichkeit, einige Baumarten für längere Zeit im Innenraum zu halten, auch Gewächshäuser haben sich für manche Arten als besonders wertvoll erwiesen. Dabei sollten Sie darauf achten, dass der Bonsai Licht aus verschiedenen Richtungen erhält. Entweder sorgen Sie dabei dafür, dass er sich unter einer speziellen Pflanzenlampe befindet, oder Sie drehen den Baum regelmäßig in eine andere Richtung, da Sie andernfalls riskieren, dass sich die Äste des Baumes nur in Richtung der Lichtquelle oder der Sonne bewegen. Wenn Ihr Bonsai also am Fenster steht, dann achten Sie darauf, diesen regelmäßig zu bewegen, um die von Ihnen gewünschte Wuchsrichtung von Stamm und Ästen nicht zu gefährden.

Ebenfalls wichtig bezüglich des Lichtes ist, dass die meisten Baumarten auf einen Jahreszeitenzyklus angewiesen sind. Dementsprechend sollten Sie diese simulieren, wenn Sie Ihren Bonsai beispielsweise in einem Gewächshaus trainieren möchten. Erhält der Baum keine saisonalen Veränderungen, wird er nach kurzer Zeit sterben, da besonders einheimische beziehungsweise nicht-tropische Baumarten auch auf kältere Temperaturen mit weniger Licht angewiesen sind, um ihre Winterruhe zu halten und sich in dieser Zeit zu regenerieren. Dies gilt sowohl für einheimische Laub- und Nadelgehölze als auch für immergrüne Gewächse.

Einige Nadelbäume aus der Familie der Kieferngewächse sind darauf angewiesen, dass alle Zweige zu jeder Jahreszeit ausreichend Licht erhalten. Geschieht dies nicht, sterben die unbeleuchteten Äste, Zweige und Nadeln des Baumes ab. Daher sollten Kieferngewächse stets erhöht und frei stehen, um ausreichend Lichteinfall zu gewährleisten. Weiterhin ist zu beachten, dass bei direkter Sonneneinstrahlung das Wasser schneller verdampft. Sie müssen somit an heißen Tagen eventuell zweimal gießen, wenn Sie eine Baumart haben, die keine Dürreperioden verträgt.

BODEN

In jedem gut sortierten Bonsai-Fachhandel erhalten Sie fertig gemischte Bonsaierde. Allerdings ist diese kostenintensiv und trotz guter Balance nicht für alle Baumarten geeignet. Einige Arten benötigen einen etwas steinigeren Boden, andere wiederum mögen mehr Kalk, Lehm oder Torf. In den Kapiteln zu den Arten haben Sie bereits einen Einblick erhalten, welcher Baum welche Erde bevorzugt. Ist dies dort nicht gesondert festgehalten, können Sie die Standardmischung verwenden oder sich selbst ein Substrat zusammenstellen. Die wichtigsten Kriterien dabei sind Luftdurchlässigkeit, Wasserdurchlässigkeit und Wasserspeicherung. Die Erdmischung sollte also nicht nur dazu dienen, den Wurzeln ein Zuhause zu geben, sie sollte auch dafür sorgen, dass das Wasser lange genug, aber nicht zu lange gespeichert wird, um Staunässe und daraus resultierende Schäden am Bonsai zu verhindern.

Es gibt etwa 15 verschiedene Bestandteile, aus denen Sie Ihre Bonsaierde zusammensetzen können. Für die Wasserspeicherung eignen sich stabile Substrate, die eine etwas festere Konsistenz haben. Dazu gehören Akadamaerde, Blähton, Kiryuerde, Ton, Torf und Zeolith. Allerdings können Sie diese nicht willkürlich untereinander ersetzen. Ton und Torf sind feste Stoffe, die zwar Feuchtigkeit sehr gut speichern, aber auch kaum Luft durchlassen. Derartige Stoffe sollten Sie nur in geringen Mengen von etwa 20 bis 30 % einsetzen, je nachdem, was Ihr Bonsai verlangt.

Akadam und Kiryu hingegen sind lockere Stoffe, die dennoch gute Wasserspeicher sind. Davon werden oftmals 50 % oder mehr in einer Mischung eingesetzt. Diese beiden sind analog zur Blumenerde bei anderen Pflanzen, sollten aber niemals ausschließlich eingesetzt werden. Zeolith und Blähton hingegen sind sehr grobkörnig und sorgen somit dafür, dass das Wasser auch gut ablaufen kann. Eine dünne Schicht einer dieser Stoffe eignet sich hervorragend als Grundlage für Ihren Bonsai. Sie können einfach eine Handvoll davon zuerst in Ihren Bonsaitopf geben und den Rest der Substratmischung obendrauf legen. Für eine gute Luftdurchlässigkeit sorgen Kies und feiner Kies, Perlit, Kanuma, aber auch grobes Kokossubstrat.

Feines Kokossubstrat hingegen sorgt eher für Wasserspeicherung. Diese sollten Sie in geringen Mengen einsetzen, da es keinen guten Halt für die Wurzeln bietet. Perlit ist ein mittelmäßig grobkörniges Substrat, welches Sie mit den anderen Substraten vermischen können. Es sorgt wie der feine Kies für einen guten Wasserablauf.

Ton, Lehm, Torf, Bimskies und Humus eignen sich sehr gut als Nährstoffspeicher. Somit sollte eines dieser Substrate in jedem Fall zu einigen Prozent den Weg in Ihren Bonsaitopf finden. Humus ist dabei etwas luftdurchlässiger als Ton, Lehm oder Torf und kann mehr genutzt werden. Bimskies hingegen ist etwas grobkörnig und sehr mineralhaltig.

Ein wichtiger Punkt bei der Substratmischung ist der pH-Wert. Diesen müssen Sie nicht ganz genau messen, aber Sie sollten darauf achten, ob Ihre Baumart einen eher sauren oder alkalischen Boden benötigt. Humus ist dabei mit verschiedenen Werten erhältlich und Kanumaerde ist wie Torf eher saue. Wenn Sie besonders sauren Boden benötigen, können Sie die Substrate noch mit etwas Kalk anmischen. Achten Sie jedoch darauf, entsprechende Schutzkleidung an den Händen und im Gesicht zu tragen.

Wenn Ihr Substrat zu fest sein sollte, obwohl Sie grobkörnige Stoffe wie Blähton oder Kies beigemischt haben, können Sie die Erde mit etwas Sand auflockern. Auf diese Weise verklumpen die Anteile der festen Erdanteile nicht und lassen sich besser mit den anderen Substraten vermischen. Beachten Sie jedoch, dass Sie nicht zu viel Sand untermischen, da dieser kein guter Speicher für Wasser oder Nährstoffe ist.

Damit Sie einen groben Ansatz haben, welche Baumart Sie mit welcher Substratmischung glücklich machen können, haben wir Ihnen je eine Grundmischung zusammengestellt:

Laubbaum:
2 Teile Akadamaerde zu je einem Teil Bimskies und Blähton.

Nadelbaum:
Je ein Drittel Akadamaerde, Bimskies und Blähton.

Akadamaerde wird sehr trocken geliefert. Diese bildet feinen Staub, den Sie vor der Nutzung aussieben sollten, damit die Luftdurchlässigkeit gewährleistet ist.

LUFTZIRKULATION

In den Kapiteln zu den Arten haben Sie bereits gelegentlich gelesen, dass einige Baumarten speziell im Winter keine Zugluft vertragen, da besonders immergrüne Nadelbäume hierbei Schaden nehmen können. Somit sollte Ihr Bonsai besonders im Winter windgeschützt stehen. Aber auch in den übrigen Jahreszeiten ist starker Wind ungünstig. Wenn dieser dauerhaft ist, bringt er den Baum in eine Form, die von Ihnen möglicherweise nicht gewünscht ist, wie zum Beispiel die Halbkaskade. Weiterhin trägt der Wind immer einen Teil des Erdreichs ab, was besonders kurz nach dem Umtopfen ein größerer Teil sein kann und wiederum für Sie mehr Arbeit bedeutet und eventuell dem Baum schadet.

Sie sollten darauf achten, dass Ihr Bonsai eine moderate Luftzirkulation bekommt. Auf diese Weise wehen Sporen von Pilzen weg und Schädlinge haben es etwas schwerer, sich an Ihrem Bonsai gütlich zu tun. Weiterhin erhält er so stets frische Luft, die für seine Atmung wichtig ist. Auch im Sommer ist der Lufthauch für die Kühlung wichtig und gut für Ihren Baum. Sollten Sie Ihren Bonsai im Innenraum halten, ist es auch hier wichtig, dass Sie regelmäßig lüften, wobei der Bonsai keine Zugluft abbekommen sollte, aber ausreichend frische Luft.

FEUCHTIGKEIT

Sie werden zu einem späteren Zeitpunkt noch einiges über die Bewässerung Ihres Bonsais lernen. Auch hier gilt es, wie bei der Luftzirkulation, Extreme zu vermeiden. Nur wenige Baumarten halten Dürreperioden von zwei oder mehr Tagen aus, die anderen Arten strafen Sie mit Blattverlust und einem geschwächten Immunsystem. Auf der anderen Seite ist Staunässe ebenso zu verhindern, denn dadurch nehmen die Wurzeln Schaden und diese leiten Wasser und Nährstoffe an den Rest des Baumes weiter. Prüfen Sie daher im ersten Jahr Ihren Bonsai täglich, ob dieser Wasser benötigt. Die Erde sollte in einem Zentimeter Tiefe noch leicht feucht sein. Im Winter achten Sie darauf, dass die Erde nicht einfriert, da dann der Wurzelballen austrocknet und keine wichtigen Substanzen mehr an die oberirdischen Baumteile weitergeben kann.

Sofern sich Staunässe in Ihrem Bonsaitopf bildet, prüfen Sie, ob das Wasser gut abläuft. Ist dies nicht der Fall, überdenken Sie die Zusammensetzung des Nährbodens. Eventuell müssen Sie diesem mehr wasserdurchlässiges Substrat beimischen, beispielsweise Blähbeton. Steht Ihr Bonsai im Freien, kann es sein, dass eine Regenfront Ihre mühsame Bewässerung durcheinanderbringt. In einem solchen Fall kann es helfen, den Bonsai leicht schräg zu stellen. So kann das Regenwasser besser abfließen. Wenn Sie dies tun, drehen Sie den Bonsai alle paar Tage ein wenig, damit er nicht in eine unerwünschte Richtung wächst.

Bei hohen Temperaturen hat es sich als hilfreich erwiesen, die Blätter oder Nadeln der Bonsais leicht mit Wasser zu besprühen. Nutzen Sie dazu jedoch Tageszeiten, an denen die Sonne nicht direkt auf Ihren Bonsai scheint, denn dann erhitzt das Wasser, schadet damit dem Bonsai und verdampft sehr schnell, sodass es nicht dort ankommt, wo es sein sollte. Sofern Sie einen tropischen oder subtropischen Baum ganzjährig in Ihrem Haus aufziehen, können Sie gern öfter mit der Sprühflasche arbeiten, da diese Baumarten eine höhere Luftfeuchtigkeit gewohnt sind. Besorgen Sie sich dazu auch gern ein Hygrometer, um die Luftfeuchtigkeit bei Ihrem Bonsai zu messen. Wenn Ihr Indoor-Bonsai zu wenig Luftfeuchtigkeit bekommt, nehmen Sie eine flache Schale und füllen Sie diese mit Blähbeton-Substrat. Anschließend geben Sie Wasser in die flache Schale; dieses wird dann von dem Substrat aufgenommen. Stellen Sie den Bonsaitopf auf die flache Schale, auf diese Weise wird das Wasser nach und nach an die Luft um den Bonsai herum abgegeben.

TEMPERATUR

Bezüglich der Temperatur ist es wichtig, darauf zu achten, dass Ihr Bonsai keinen starken Schwankungen ausgesetzt sein sollte. Wenn Sie also einen Indoor-Bonsai haben, achten Sie darauf, dass die Temperaturen konstant sind oder nur stufenweise geändert werden. Sicherlich ist das bei Outdoor-Bonsais nichts, was Sie kontrollieren können, dennoch sollten Sie bei starken Schwankungen im Außenbereich Ihren Bonsai genau beobachten, ob dieser irgendwelche Symptome anzeigt, bei denen Sie durch Umsetzen des Topfes in einen sonnigeren Bereich oder mehr Bewässerung gegensteuern müssen.

Im Winter sollten Sie besonders beachten, dass empfindliche Baumarten keinem Frost ausgesetzt sind. Einige Baumarten sollten besser in einem Gewächshaus oder einem Wintergarten überwintern, bei anderen reicht es aus, wenn Sie einen Schutz um den Topf legen, beispielsweise in Form einer Plane, um den Wurzelballen zu schützen. Allerdings sollten Sie davon absehen, den Bonsai direkt in Ihrem Wohnraum zu überwintern, es sei denn, es handelt sich um tropische oder subtropische Arten, die aufgrund eines schönen, langen Sommers in Ihrem Außenbereich standen. Bonsai-Arten, die ausschließlich für Outdoor geeignet sind, benötigen dringend kalte Temperaturen, um sich über die Wintermonate zu regenerieren. Viele Arten gehen in Innenräumen sehr schnell ein.

ZUCHT AUS EINEM SAMEN

Wenn Sie sich entschieden haben, Ihren Bonsai von Anbeginn zu begleiten, dann geht es nun darum, woher Sie die Samen bekommen und wie Sie diesen am besten anzüchten, damit Sie mit Sicherheit Freude an Ihrem Werk haben werden.

Es gibt zwei Möglichkeiten, an Samen für Ihren Bonsai zu gelangen: Einerseits können Sie welche in freier Wildbahn sammeln, andererseits können Sie sie aber auch im Handel erwerben. Beim Sammeln in freier Wildbahn haben Sie den großen Vorteil, dass Sie selbst Ihren Bonsai aussuchen und bereits vor dessen Wachstum viel Mühe in den Baum stecken. Leider besteht aber auch die Gefahr, dass die Samen erkrankt sind oder nicht aufgehen werden. Ebenso ist es auch nicht so leicht, einige der Samen zu unterscheiden, sodass Sie möglicherweise nicht die Art einsammeln, die Sie sich wünschen.

Sollten Sie den Samen Ihres Bonsais selbst sammeln wollen, machen Sie am besten im Herbst lange Spaziergänge und suchen danach. Wenn Sie sichergehen wollen, dass Sie die richtigen Samen einsammeln, gehen Sie in Regionen sammeln, in denen möglichst wenig verschieden Baumarten stehen. Vielleicht haben Sie einen Park in der Nähe, in dem einzelne Bäume stehen, sodass die Wahrscheinlichkeit erhöht wird, dass Sie die richtige Art Samen finden. Sammeln Sie mehrere Samen ein, so erhöhen Sie die Chance auf einen gesunden Bonsai.

Da Sie im Herbst die Samen sammeln und Ihr Bonsai bereits von Anfang an auf den normalen Verlauf der Jahreszeiten angewiesen ist, ist es wichtig, dass die in freier Natur gesammelten Samenkörner ebenfalls einen Winter erleben. Sie können diese windgeschützt in einem offenen Behältnis draußen aufbewahren oder in den Kühlschrank legen. Wichtig ist, dass die Samen neben einer Kälteperiode auch für 24 Stunden in Wasser gelagert werden, bevor Sie diese im Frühling in die Erde setzen.

Sofern Sie gezüchtete Samen einkaufen möchten, können Sie davon ausgehen, dass diese keimfrei sind und aufkeimen werden. Allerdings sollten Sie nicht davon ausgehen, dass sich jeder Samen gleichermaßen entwickelt. Wie wir Menschen sind auch alle Pflanzen individuell, somit ist es unwahrscheinlich, dass die von Ihnen genutzte Saat sich genauso entwickelt, wie es das Bild auf deren Verpackung vorgibt. Freuen Sie sich daher auf die Überraschungen, die das Setzen eines Samens zu bieten hat.

Wenn Sie den Samen einpflanzen, beginnen Sie damit, den Topf mit Vlies auszulegen, sodass keine Füllung durch die Abflusslöcher fallen kann. Geben Sie dann eine Schicht Hydrosubstrat in den Topf und füllen Sie anschließend einige Zentimeter Bonsaierde hinein. Legen Sie die Samen mit einigem Abstand in den Topf und bedecken Sie diese mit einem weiteren Zentimeter Erde, den Sie leicht andrücken. Halten Sie die Erde dauerhaft leicht befeuchtet, am besten besprühen Sie diese täglich mit Regenwasser. Düngemittel sollten Sie nur sehr begrenzt einsetzen. Es dauert einige Zeit, bis Sie Ergebnisse sehen. Die Zeit, bis Sie mit dem Training Ihres Bonsais beginnen können, kann bis zu fünf Jahre in Anspruch nehmen, frühestens können Sie jedoch nach drei Jahren beginnen. Ihr Bonsai sollte zu diesem Zeitpunkt zwischen 25 und 50 Millimeter hoch sein.

Am einfachsten sind Zwergmispeln, Ahorne, Wacholderarten oder Heckenkirschen zu züchten, die Sie auch alle in unseren Breitengraden finden können. Wenig ratsam ist es, mit der Zucht einer Kiefer oder eines Ficus aus dem Samen zu beginnen, da diese besonders lange brauchen und schwer anzuzüchten sind.

Die Gesundheit des eigenen Bonsais

Ich kenne einige Personen, die stets von einem Bonsai träumten. Als ich diesen dann erzählte, dass es beinahe tägliche Arbeit ist, einen Bonsai zu pflegen, und dass es sich hierbei nicht um eine Zimmerpflanze in Hydrosubstrat handelt, die gelegentlich gegossen und von toten Blättern befreit werden muss, verging vielen die Lust an der Arbeit mit dieser ausgefallenen Kunst.

Da Sie sich aber bereits entschieden haben, einen Bonsai Ihr Eigen zu nennen, mache ich mir keine Sorgen, dass Ihnen die folgenden Informationen Unbehagen bereiten – im Gegenteil: Sie freuen sich sicherlich schon darauf, endlich zu erfahren, wie Sie Ihren neuen Begleitern bestmöglich pflegen können, um möglichst lange Freude daran zu haben. Lassen Sie uns also direkt in die Praxis einsteigen!

RICHTIG BEWÄSSERN

Nahezu alle Praktiken in diesem Kapitel sind wichtig, dennoch ist das richtige Bewässern Ihres Bonsais vermutlich der wichtigste Teil der Pflegeroutine Ihres Kunstwerks. Manche glauben, dass das tägliche oder anderweitig regelmäßige Gießen ihres Bonsais ausreicht, um dessen Gesundheit zu gewährleisten: bedauerlicherweise ist es nicht so einfach. Ein fester Bewässerungsplan ist meist wenig hilfreich, besonders, wenn Sie an die Wetterlaunen der letzten Jahre denken. Mit Plusgraden im Dezember und im Januar und Schneefällen im März hat man es als Pflanzenliebhaber mittlerweile nicht mehr sehr leicht. Es ist zwar möglich und sehr wahrscheinlich, dass Sie nach einiger Zeit ein gutes Gefühl entwickeln, wann Sie Ihren Bonsai gießen sollten, allerdings sollten Sie die ersten Jahre stets den Boden dahingehend prüfen, ob ein Gießen derzeit notwendig ist oder nicht.

Der Boden Ihres Bonsais sollte in einer Tiefe von 1 mm stets angenehm feucht, aber nicht klitschnass sein. Daher ist es besonders wichtig, dass Sie regelmäßig mit dem Finger den Zustand Ihres Bonsais prüfen und dass der Wasserablauf Ihres Bonsai-Topfes einwandfrei funktioniert.

Warum aber ist es so wichtig, richtig zu wässern? Immerhin kann der Baum einiges an Flüssigkeit speichern und das überschüssige Wasser läuft doch sicherlich ab? Man könnte meinen, dass das Gießen eines Baumes nicht so wichtig ist. Dennoch ist es ähnlich wie bei unseren Körpern: Wenn wir nicht dann Nahrung bekommen, wann wir sie brauchen, werden wir gestresst. Bekommen wir zu viel, wird uns übel, bekommen wir zu wenig, werden wir schwach und angreifbar. Auf den Bonsai übertragen heißt das, dass er bei unregelmäßiger Flüssigkeitszufuhr zwar nicht sofort verdorrt, aber er wird in seinem gesamten System stetig geschwächt, sodass er angreifbar für Krank–heiten und Schädlinge ist. Bekommt der

Baum zu viel Wasser, kann das Drainagesystem noch so gut sein: Die Wurzeln bekommen Probleme wegen der hochfrequentierten Feuchtigkeit, es kommt sehr wahrscheinlich zu Wurzelfäule und damit auf Dauer zu einem Absterben des Bonsais.

Wenn Sie eine tropische oder subtropische Art halten, können Sie diese fast das ganze Jahr über im Innenraum behalten. In diesem Fall ist eine tägliche Kontrolle der Feuchtigkeit notwendig, da die Innenraum-Bonsais durch die trockenere Wohnraumluft eher vom Austrocknen betroffen sind als die Außen-Bonsais. Im Außenbereich haben Sie jedoch das Problem der Witterung. Dies betrifft einerseits die teils direkte Sonneneinstrahlung, wodurch das Gießen bis zu zweimal täglich notwendig sein kann, andererseits gibt es aber auch Regenfälle, die Ihr ausgeklügeltes Bewässerungssystem und damit Ihren Bonsai gefährden können.

Sofern Ihr Bonsai nicht auf Ihrer Terrasse unter einem Vordach vor Regen geschützt ist, sollten Sie entweder nach jedem Regen den Topf abgießen, oder Sie organisieren sich eine schräge Platte, auf der der Bonsai sicher stehen und das Wasser besser ablaufen kann. Sollten Sie dieses planen, achten Sie bitte darauf, Ihren Bonsai regelmäßig zu drehen, denn er versucht stets, in Richtung Sonnenlicht, also nach oben zu wachsen. Sollten Sie diesen Umstand nicht berücksichtigen, wird es über kurz oder lang dazu kommen, dass Ihr Bonsai aus Ihrem gewünschten Stil herauswächst.

Somit ist es unabdingbar, dass Sie Ihren Bonsai – wenn Sie mehrere haben, Ihre Bonsais – individuell und täglich prüfen, um die korrekte Bewässerung zu gewährleisten. Gehen Sie auf Nummer sicher, denn nur sehr wenige Arten vertragen auch länger andauernde Dürreperioden. Testen Sie stets die Erde, da die Blattfarbe kein Indikator für die Gesundheit und für ausreichende Wasserversorgung Ihres Bonsais ist. Einige Baumarten, wie der immergrüne Wacholder, zeigen nur Schwächen in den Blättern, wenn es für den Baum bereits zu spät ist.

Auch eine automatische Bewässerungsanlage sollten Sie regelmäßig prüfen, da diese sich nicht den individuellen Bedürfnissen Ihrer Pflanze anpasst. Nach einiger Zeit wissen Sie jedoch, wie viel Wasser Ihr Bonsai bei bestimmten Temperatur- und Witterungsverhältnissen benötigt.

Auch sollten Sie darauf achten, dass Ihr Wasser, mit dem Sie gießen, gesammeltes Regenwasser ist. Steht Ihnen dieses nicht zur Verfügung, stellen Sie einen Eimer oder die Gießkanne mit Leitungswasser gefüllt für wenigstens einen Tag nach draußen. Auf diese Weise wird das Wasser angemessen temperiert, mit Sauerstoff versorgt und ist Ihnen für Ihre Zwecke so am besten dienlich.

Für den traurigen Fall, dass Ihr Bonsai bereits sehr ausgetrocknet ist, geben Sie ihn dennoch nicht gleich auf. Besprühen Sie ihn täglich zweimal mit dem beschriebenen Wasser. Achten Sie dabei darauf, dass er niemals direkter Sonneneinstrahlung ausgesetzt ist, und besprühen Sie ihn einmal, bevor die Sonne zu heiß wird, und einmal, wenn diese dabei ist, unterzugehen. So gewährleisten Sie, dass das Wasser auf den Blättern nicht sofort wieder verdampft und tatsächlich von Ihrem Bonsai aufgenommen werden kann. Besprühen Sie den Baum rundherum und geben Sie auch einige Spritzer auf den Erdboden, damit dieser sich langsam wieder anfeuchtet.

Behalten Sie dieses Verhalten für zwei bis drei Wochen bei und erhöhen Sie dabei langsam die Wassermenge, die Sie zuführen. Der Grund für diese Steigerung ist, dass die Erde vermutlich mittlerweile vollkommen ausgetrocknet ist. In diesem Zustand ist sie nicht mehr in der Lage, ausreichend Feuchtigkeit zu speichern, und das Wasser würde einfach ablaufen, wenn Sie Ihren Bonsai „normal" gießen. Durch den feinen Sprühnebel auf Stamm und Blätter hat der Baum die Möglichkeit, das Wasser aus der Luft aufzunehmen und sich so langsam zu erholen. Außerdem gilt ebenfalls wie bei uns Menschen: Ein Verdurstender darf nur sehr langsam und wenig Wasser trinken, da der Körper keine große Menge Flüssigkeit vertragen würde.

Sofern Ihr Bonsai gesund ist, sollten Sie Ihre Bewässerungsstrategie an die Jahreszeiten und Witterungsverhältnisse anpassen. Somit gießen Sie an heißen Sommertagen mehr als im Frühling oder im Herbst. Im Winter sollten Sie auch diejenigen Baumarten gießen, die normalerweise in die Winterruhe verfallen, allerdings ist hierbei zu beachten, dass Sie am besten morgens gießen, da die Temperaturen nachts noch tiefer sinken und das Wasser nicht einfrieren darf. Sollte es sich um einen besonders harten Winter handeln, stellen Sie Ihren Bonsai in eine Garage oder einen kalten Keller, sodass er weiterhin kalte Temperaturen bekommt, aber keine Frostschäden erleiden muss.

Die Menge, die Sie an Wasser zugeben, sollte stets ausreichend sein, um aus den Abflusslöchern am Boden des Topfes heraus zu sickern. Gern können Sie nach einigen Minuten prüfen, ob die Erde noch feucht ist, denn besonders an sehr warmen Tagen kann es passieren, dass der Baum sehr viel Wasser braucht, sodass Sie noch etwas nachgießen müssen.

Wie Sie sehen, ist beim Bewässern einiges zu beachten, aber machen Sie sich deswegen keine Sorgen: Sie werden Ihren Bonsai nach ein oder zwei Jahren schon sehr gut kennen und wissen, was er braucht. Sobald es so weit ist, können Sie eine Bewässerungsroutine einführen, die Ihnen die Pflege etwas erleichtert. Ein weiterer Vorteil des Kennenlernens Ihres Bonsais ist, dass Sie sehr schnell merken, wenn sich etwas an seinem Wasser- oder Düngerkonsum verändert, sodass Sie auch Krankheiten schneller erkennen können.

DÜNGEN

Sie fragen sich vielleicht, warum Sie einen Baum düngen sollten, der nicht groß werden, sondern klein bleiben soll. Die Antwort darauf ist leicht: Ihr Bonsai befindet sich in einer kleinen Schale und hat somit nur Zugriff auf die Erde und auf das Substrat, die sich in dieser Schale befinden. Zwar bekommt er durch Regenwasser frische Nährstoffe, diese reichen jedoch bei Weitem nicht dazu aus, damit er schöne, neue Blätter, Äste und Zweige bilden kann. Somit ist es essenziell, dass Sie die Grundlagen des Düngens beherrschen, um Ihrem Bonsai die notwendigen Nährstoffe für ein gesundes Wachstum und ein gutes Immunsystem zur Verfügung zu stellen. Zwar ist es besonders wichtig, dass Sie Ihren Bonsai immer richtig wässern, allerdings hilft Ihnen das Düngen dabei, den Bonsai am Leben und gesund zu halten. Damit Sie wissen, wie Sie Ihren Bonsai am besten düngen, haben Sie in den folgenden Abschnitten die wichtigsten Informationen übersichtlich aufgelistet.

Nährstoffe – Wozu sind sie dienlich?

Die drei wichtigsten Bestandteile des Düngemittels für Bonsais sind Kalium, Phosphat und Stickstoff. Im Folgenden werden diese teilweise mit ihren chemischen Kürzeln bezeichnet, also Kalium mit K, Phosphat mit P und Stickstoff mit N.

Kalium dient der Bildung von Blüten und Früchten. Diese Information ist dann besonders wichtig, wenn Sie blühende oder Obstbäume wünschen; in einem solchen Fall sollten Sie stets den Kaliumanteil erhöhen.

Phosphat ist wichtig, damit die Wurzeln kräftig sind, Nährstoffe gut weiterleiten können, besser gegen Pilze, Wurzelfäule und Frostschäden geschützt sind und im Fall, dass Sie einen Kaskaden-ähnlichen Stil trainieren möchten, sollten Sie besonders auf den P-Anteil achten, damit die Wurzeln das Gegengewicht zu Stamm und Krone bilden können.

Der Stickstoff ist für die oberirdischen Teile des Bonsais von essenzieller Bedeutung. Ohne N wird es Ihnen schwerfallen, neue Triebe, Blätter und Nadeln zu erhalten.

Grundsätzlich ist das richtige Verhältnis dieser Anteile zueinander wichtig. Dabei gilt, dass Sie zu Beginn der Wachstumsphase mehr Stickstoff im Dünger haben, um die neuen Triebe zu unterstützen. Dabei empfiehlt sich beispielsweise, dass Sie den Anteil von N doppelt so hoch ansetzen wie die dann gleichstarken Anteile von K und P. In den Sommermonaten, also etwas ab Mai oder Juni, wenn die starke Wachstumsphase abgeschlossen ist, nutzen Sie eine gleichmäßige Verteilung der Inhaltsstoffe, wohingegen Sie in der kalten Jahreszeit den Anteil des Stickstoffes weit herunterschrauben, also beispielsweise 3 Teile N zu je 10 Teilen P und K. Für blühende und Frucht-tragende Bäume nutzen Sie während des Frühjahrs allerdings zwei Teile Kalium und nur je einen Teil Stickstoff und Phosphat.

Je älter Ihr Bonsai wird, umso weniger neue Zweige werden Sie brauchen, denn das Training Ihres Bonsais wird irgendwann abgeschlossen sein und Sie werden ihn nur noch beschneiden und umtopfen, um ihn gesund und in Form zu halten. Wenn es so weit ist, meist im Alter von etwa zehn Jahren, senken Sie den Anteil des Stickstoffs im Düngemittel.

Den richtigen Dünger finden

Es gibt unterschiedliche Arten von Düngern: feste, entweder in Stäbchenform oder als Granulat, und flüssige Düngemittel. Für das Düngen von Bonsais empfiehlt sich flüssiger Dünger. Die festen Düngemittel geben zwar ebenfalls Nährstoffe ab, allerdings nur dort, wo diese im Topf platziert werden. Weiterhin riechen besonders feste Düngemittel meist sehr streng und sind daher eher unangenehm in der Anwendung. Es empfiehlt sich daher, dass Sie ein flüssiges Düngemittel besorgen oder selbst eine Mischung aus den Einzelteilen zusammenrühren. Sollten Sie eigenen Dünger herstellen wollen, achten Sie bitte besonders darauf, sich und Ihre Umgebung zu schützen.

Viele der Inhaltsstoffe sind für den menschlichen Körper schädlich, können Schleimhäute und Atemwege reizen oder schwere Hautirritationen verursachen. Ebenso kann Ihre Kleidung Schaden nehmen, wenn Sie mit diesen Chemikalien hantieren; achten Sie also immer darauf, nur Kleidung zu tragen, die einerseits Ihren Körper vollständig bedeckt – also keine freien Arme oder Beine – und andererseits nicht mehr benötigt oder ohnehin nur für die Gartenarbeit genutzt wird. Weiterhin sollten Sie beim Umgang mit Düngemitteln stets Handschuhe tragen und beim Zusammenstellen von hausgemachtem Düngemittel auch eine Schutzbrille.

Diese erhalten Sie entweder im Baumarkt oder in einem Fachgeschäft für Arbeitskleidung beim Labormaterial. Gesetzt den Fall, dass Sie dennoch mit den Chemikalien in Berührung kommen, spülen Sie diese mit viel kaltem oder lauwarmem Wasser gründlich ab. Sollte etwas davon in die Speiseröhre, Luftröhre oder in die Augen gelangen, suchen Sie bitte einen Arzt auf, dem Sie genau erklären können, welche Mittel Sie genutzt haben, mit denen Sie in Kontakt gekommen sind. Der Arzt kann dann schnell feststellen, was notwendig ist, um Reizungen, Verätzungen oder mögliche Vergiftungen zu behandeln.

Allerdings sind die meisten Chemikalien, die Ihnen im vorigen Abschnitt vorgestellt wurden, in geringen Mengen unschädlich, sodass Sie sich keine Sorgen machen müssen, dauerhafte Schäden davon zu tragen. Einige Ratgeber geben an, dass Sie auch schlichtweg verdünnten Pflanzendünger für Zimmerpflanzen nehmen können. Dieser Empfehlung sollten Sie nur dann folgen, wenn die zuvor erklärten Mischungsverhältnisse verfügbar sind und die Düngemittel keine weiteren Zusätze enthalten. Es kann nicht oft genug erwähnt werden, dass es sich bei einem Bonsai nicht um eine Zimmerpflanze handelt, sondern um einen richtigen Baum, der unter sehr speziellen Verhältnissen aufwächst. Diese speziellen Verhältnisse fordern eine spezielle Behandlung – das Nutzen eines falschen Düngemittels kann Ihrem Bonsai dementsprechend auch schaden, weswegen Sie lieber im Bonsai-Fachhandel nach Dünger schauen sollten, um Schäden an Ihrem Kunstwerk zu vermeiden.

Gute Alternativen zu Bonsai-Dünger sind spezielle Mittel, die für die von Ihnen gewählte Baumart konzipiert sind. Hierbei sollten Sie lediglich noch einmal prüfen, ob Sie den Dünger verdünnen müssen, da übermäßiges Düngen in jedem Fall schädlich ist.

Anwendung und Verfahren

Jeder Bonsai hat unterschiedliche Bedürfnisse. Diese hängen davon ab, welche Baumart Sie trainieren, welchen Stil Sie bevorzugen, wie das Wetter und die Witterungsverhältnisse sind, inwieweit Sie Ihren Bonsai vor Kurzem beschnitten, umgetopft oder verdrahtet haben, ob Ihr Bonsai erkrankt war oder ist und welche Jahreszeit gerade herrscht. Auch ist es wichtig, ob Sie Ihren Bonsai im Inneren oder im Außenbereich halten und wie viel Sonnenlicht dieser abbekommt. Somit kann es sein, dass die

Grundlagen, die Sie hier kennenlernen, für Ihren Bonsai möglicherweise nicht oder nur teilweise zutreffen. Daher ist die oberste Regel, dass Sie Ihren Bonsai besonders dann sehr genau beobachten, wenn Sie bisher noch keine oder nur wenig Erfahrung damit haben oder einen neuen Baum besitzen, der keinen Vorbesitzer hatte, der Sie schulen könnte.

Als allgemeine Grundregeln gelten:

1. Während der Wachstumsphase können Sie alle 14 Tage Ihren Bonsai düngen, später ziehen Sie die Intervalle etwas in die Länge.

2. Sofern Ihr Bonsai einer Baumart angehört, die Winterruhe halten sollte, achten Sie darauf, die Konzentration Ihres Düngemittels und die Zusammenstellung den Gegebenheiten anzupassen.

3. Nutzen Sie speziellen Dünger für Bonsais oder stellen Sie Ihre Mischung selbst her.

4. Nach bestimmten Verfahren, beispielsweise nach dem Umtopfen, oder Krankheiten sollten Sie das Düngen einige Zeit unterlassen. Einige Schädlinge werden von Düngemitteln angezogen und ernähren sich davon, daher sollten Sie in solchen Fällen von Düngemitteln ablassen, bis Sie sicher sind, dass Ihr Bonsai genesen ist. Im Kapitel über Schädlinge und Krankheiten erfahren Sie mehr darüber.

5. Schützen Sie sich stets vor direktem Kontakt mit den Düngemitteln, um Hautirritationen zu vermeiden.

ERKRANKUNGEN

Es gibt zahlreiche Herausforderungen im gesundheitlichen Bereich Ihres Bonsais. Dazu zählen neben den gleich aufgelisteten Arten von Schädlingen und Infektionen auch Blessuren, die der Bonsai durch Ihre Behandlung erfährt. Jeder Schnitt, den Sie an Ihrem Bonsai durchführen, sollte daher sofort mit Alkohol sterilisiert werden. Auf diese Weise bieten Sie Keimen weniger Angriffsfläche. Aber auch Schäden durch Verdrahtung und andere Techniken bieten Schädlingen und Keimen die Möglichkeit, Ihren Bonsai zu schädigen. Ebenso sind auch unabsichtliche Verletzungen wie abgeknickte Zweige, gebrochene Äste oder eine Furche durch das Abrutschen mit der Schere nicht nur Portale für Pilzsporen, sondern sie können auch schlecht abheilen, was dazu beiträgt, dass der Baum damit beschäftigt ist, die Nährstoffe aufzuwenden, um die Wunden zu heilen. Sollte Ihnen ein Teil des Baumes abknicken, können Sie dies mit Gewebeband korrigieren. Gewebeband erhalten Sie in jedem Bonsai- oder Pflanzenfachhandel. Achten Sie beim Binden darauf, dass die Bruchstellen genau aufeinanderliegen. Desinfizieren Sie die Bruchstellen nicht und berühren Sie diese nicht mit den bloßen Händen, um keine Keime zu übertragen. Andere Schäden können durch Bewässerungsfehler, Frost- oder Hitzeschäden, fehlendes Licht und falsche Luftzirkulation entstehen.

Lassen Sie uns nun betrachten, welchen anderen Gefahren Ihr Bonsai ausgesetzt ist, wie Sie diese erkennen können und welche Chancen und Möglichkeiten Sie haben, Ihrem Bonsai Beistand zu leisten und diesen zu heilen.

Schädlinge

Glücklicherweise sind die meisten Schädlinge mit etwas Übung sehr gut zu erkennen, nachteilig ist jedoch, dass einige dieser Insekten sehr hartnäckig sein können. Welche Insekten Ihrem Bonsai schaden, wie dies geschieht und was Sie dagegen tun können, erfahren Sie hier.

Ameisen

Ameisen sind faszinierende Tiere, die im Grunde genommen nützlich für unser Ökosystem sind. Sie schaden Ihrem Bonsai nicht direkt und sicherlich kommt gelegentlich die eine oder andere an Ihrem Schützling vorbei, allerdings sollte dies nicht zu einem dauerhaften Besuch werden. Fühlen sich die Ameisen bei Ihrem Bonsai zu wohl, werden diese auch in die Erde eindringen und dort vermutlich ein Nest bauen. Dieses schadet jedoch den Wurzeln, denn nicht nur, dass die Ameisen wichtigen Nährboden für Ihren Bonsai abtragen, auch besteht die Möglichkeit, dass sie die Wurzeln beschädigen, wodurch nicht mehr ausreichend Nährstoffe in den oberirdischen Teil des Baums gelangen können.

Um Ameisen vollständig zu entfernen, ist es wichtig, dass Sie die Erde Ihres Bonsais sicher entsorgen. Am besten ist es, wenn Sie die Erde in einem Gefäß an einen weit entfernten Ort bringen, da die Ameisen sonst den Weg zurück finden. Spülen Sie die Erde vollständig von den Wurzeln ab und prüfen Sie die Wurzeln auf Schäden. Sollten Brüche entstanden sein, trennen Sie die Wurzeln vernünftig ab und setzen Sie den Baum in frische Erde. Wie nach jedem Umtopfen sollten Sie mit dem Düngen etwa eine Woche warten.

Blattläuse

Wie alle bekannten Läuse nutzen diese Insekten ihre Mundwerkzeuge, um den Saft aus ihrem Opfer, in diesem Fall Ihrem Bonsai, zu saugen. Dabei entsteht für die Pflanze ein Nährstoffmangel, der zum Absterben der betroffenen Baumpartien führen kann. Zusätzlich sind Blattläuse eine Esseneinladung für Ameisen und Marienkäfer, wobei die Marienkäfer Ihnen nur bei der Beseitigung helfen, zu den Ameisen haben Sie bereits etwas gelesen.

Da Blattläuse sehr hartnäckig sind, sollten Sie Ihren Bonsai bei Befall vollständig mit Insektiziden einsprühen, auch an den schwer erreichbaren Stellen sowie den Erdboden. Anschließend schaben Sie Äste und Stamm vorsichtig ab. Auf diese Weise entfernen Sie verstorbene Tiere und Eier. Fangen Sie die abgeschabten Produkte auf und entsorgen Sie diese, dann besprühen Sie den Baum erneut. Wiederholen Sie das Prozedere innerhalb weniger Tage, um sicherzugehen, dass alle Blattläuse vernichtet sind.

Gemeine Spinnmilbe

Diese rote Miniaturspinnen sind meist nur bei sehr hohen Temperaturen aktiv und trotz ihrer geringen Größe wegen der knallroten Farbe gut zu erkennen. Sofern Sie Ihren Bonsai im Innenraum halten, sollten Sie allerdings auch bei niedrigen Temperaturen die Augen stets offen halten, ob es auf Ihrem Bonsai krabbelt. Sofern Sie Spinnmilben auf Ihrem Bonsai festgestellt haben, sollten Sie Ihren Baum dringend an die frische Luft bringen, damit die Milben nicht andere Pflanzen oder Gegenstände innerhalb Ihres Haushalts befallen.

Im Gegensatz zu anderen Schädlingen lassen sich diese leider nicht einfach absammeln, sondern Ihr Bonsai muss mit Schädlingsbekämpfungsmittel über mindestens 14 Tage behandelt werden. Erst, wenn Sie absolut sicher sind, dass sich keine Schädlinge mehr auf Ihrem Bonsai befinden, können Sie mit dem Besprühen aufhören. Überprüfen Sie Ihren Bonsai auch auf eventuelle Blattschäden durch den Befall, um zerstörte Baumteile abzuschneiden.

Holzbohrende Insekten

Verschiedene Arten leben innerhalb von Gehölzen, also direkt innerhalb des Stamms und der Äste. Sie ernähren sich von dem Holz und bohren sich tief in das Gewächs hinein. In den meisten Fällen ist bei einem Befall Ihr Bonsai leider nicht mehr zu retten, da die Entdeckung dieser Schädlinge oftmals viel zu spät erfolgt. Um diese Insekten rechtzeitig zu erkennen, müssen Sie Ihren Bonsai genau kennen, denn nur, wenn Sie ein von Insekten gebohrtes Loch rechtzeitig von einem bereits bestehenden Loch unterscheiden können, haben Sie überhaupt die Chance, die Schädlinge zu beseitigen.

Allerdings ist es so, dass holzbohrende Insekten meist nur bereits geschwächte Bäume angreifen, was Ihnen die Chance gibt, den Befall von vornherein zu verhindern, indem Sie Ihren Bonsai immer gut pflegen. Wenn es dennoch zu einem Befall kommt, können Sie möglicherweise Schleimspuren auf der Rinde erkennen, wo die Insekten langgekrochen sind. Auch suchen sich diese meist Stellen aus, an denen viele Äste auf einmal wachsen. Sobald Sie einen Befall feststellen oder vermuten, füllen Sie das gebohrte Loch des Insekts mit einem Insektizid und verschließen Sie das Loch anschließend mit etwas Wachs. So verhindern Sie das Auslaufen des Schädlingsbekämpfungsmittels und Sie können davon ausgehen, dass das Insekt verstirbt. Der Bonsai muss nun von selbst wieder heilen.

Maikäferlarven

Maikäfer sind schöne Tiere, die auch gern herumfliegen dürfen. Leider legen diese Geschöpfe ihre Eier in der Erde ab. Wenn die Eier dann schlüpfen, befinden sich weißlich-gelbe, Halbmond-förmige Larven im Nährboden. Diese ernähren sich nicht nur von den Nährstoffen im Boden, sondern auch von den Wurzeln Ihres Bonsais. Sie können sich vorstellen, dass dies der Gesundheit Ihres Bonsais nicht zuträglich ist.

Um die Larven zu entfernen, entsorgen Sie die gesamte Erde Ihres Bonsais, spülen Sie die Wurzeln ab und entfernen Sie eventuell beschädigte Teile. Geben Sie dem Baum vollständig erneuerten Nährboden und er wird sich schnell erholen.

Raupen

Raupen gibt es in großer Vielfalt und alle haben eines gemeinsam: riesengroßen Hunger. Da Raupen dazu gemacht sind, sich zu verpuppen, benötigen sie viel Nahrung, da Sie im Puppenstadium keine zu sich nehmen können. Blätter schmecken den Raupen besonders gut und sie fressen schnell und gründlich. Wenn Sie also an Ihrem Bonsai Raupen bemerken, sammeln Sie diese am besten mit Handschuhen herunter.

Gegen Raupen hilft ein pudriges Insektizid, mit dem Sie die Blätter bestäuben können. Auf diese Weise machen Sie die Blätter für die Raupen unattraktiv, da diese automatisch das Gift fressen, sobald sie ins Blatt beißen. Um Raupen präventiv zu behandeln, können Sie einen Topf mit flüssigem Klebstoff an den Fuß des Baumes stellen. Tragen Sie in keinem Fall Klebstoff auf die Blätter, den Stamm oder die Äste auf, da Sie damit dem Bonsai Schaden zufügen.

Schildläuse

Schildläuse sind, wenn es wenige sind, nicht sehr gefährlich, allerdings vermehren sie sich meist an schwer einsehbaren Stellen zu großen Kolonien und entziehen dem Baum Wasser und Nährstoffe. Prüfen Sie daher regelmäßig die Unterseiten der Blätter und schauen Sie auch in den dichten Teilen der Krone nach, ob Sie sehr feine Spinnweben und kleine, hellbraune Krabbeltiere sehen. Sammeln Sie diese dann sehr gründlich ab, achten Sie dabei darauf, dass Sie keine auf die Erde fallen lassen, entsorgen Sie das Getier und besprühen Sie Ihren Bonsai auch an den schwer zugänglichen Stellen über mehrere Tage hinweg mit einem handelsüblichen Insektizid. Weiterhin sollten Sie schwer beschädigte Teile des Bonsais entfernen, um zu verhindern, dass der Baum versucht, Nährstoffe aufzubringen, um die beschädigten Teile zu reparieren.

Schmierläuse

Diese Insekten sind kleiner als die vorigen Schildläuse und daher noch schlechter zu erkennen. Allerdings befinden sich auch diese unterhalb der Blätter und verstecken sich gern an schlecht einsehbaren Stellen Ihres Bonsais. Wie andere Läuse ernähren sich auch Schmierläuse vom Lebenssaft des Baumes und entziehen diesem somit wichtige Nährstoffe, wodurch in erster Linie die Blätter, bei längerem oder sehr starkem Befall aber auch der Rest des Baumes Schaden nehmen.

Um Schmierläuse zu entfernen, hilft es sehr gut, wenn Sie die Unterseite aller Blätter mit einem in Alkohol getränkten Wattestäbchen abreiben. Wiederholen Sie die Behandlung innerhalb einer Woche wenigstens noch zweimal. Auch die Ansiedlung von Marienkäfern auf Ihrem Bonsai kann helfen, da diese sich sehr gern von Läusen ernähren. Weiterhin sollten Sie auch hier die beschädigten Baumteile entfernen und dabei darauf achten, dass kein abgetrenntes Material herabfällt. Beim anschließenden Düngen sollten Sie den Stickstoff-Anteil reduzieren, da Schmierläuse Stickstoff als Leckerei ansehen.

Würmer

Hierbei handelt es sich hauptsächlich um den Regenwurm, der eigentlich nicht schädlich ist, sondern Ihren Bonsai sogar unterstützen kann. Er durchwühlt die Erde und verteilt somit die Nährstoffe stets neu, sodass Ihr Bonsai mehr vom Nährboden hat. Weiterhin besteht die Möglichkeit, dass der Regenwurm auch kleinere Schädlinge frisst. Dennoch sollte die Population nicht Überhand nehmen, um dem Bonsai noch Platz im Topf zu lassen. Sobald also ein Regenwurm in Ihren Bonsai-Topf einzieht, können Sie ihn dort belassen. Ist Ihnen das unangenehm, sammeln Sie ihn einfach aus dem Topf und setzen Sie ihn an anderer Stelle wieder aus.

Infektionen und Ähnliches

Neben Pilzen gibt es auch noch andere Gründe, warum Ihr Bonsai Schäden davon tragen kann. Grundsätzlich gilt es, erst einmal zu identifizieren, woher die Symptome kommen. Handelt es sich um einen „Haltungsfehler“, ist der Bonsai also zu extremen Temperaturen oder Temperaturschwankungen ausgesetzt? Hat er zu viel oder ausreichend Wasser? Stimmen die Luftzirkulation und die Lichtmenge? Wenn es sich jedoch eindeutig um einen Pilz handelt, erhalten Sie im Pflanzen- oder Bonsaifachhandel Fungizide, die Ihnen gute Dienste leisten können. Dennoch ist es wichtig, die befallenen Baumteile abzutrennen, um den gesunden Teil des Baums zu schützen.

Fäule oder Rost

Bei „Rost“ handelt es sich nicht um oxidiertes Eisen, sondern um einen Pilz, der Ihren Bonsai befällt und wie Rost aussieht. Er befällt die oberirdischen Teile Ihres Bonsais, die Sie dann unverzüglich abschneiden sollten. Am besten halten Sie einen Behälter unter die abzuschneidenden Teile, damit diese nicht auf die Erde oder andere Baumteile fallen und weitere Sporen den Baum berühren. Wichtig ist auch, dass Sie trotz des Beschnitts ein Fungizid nutzen und erst einmal abwarten, wie sich der Baum weiterentwickelt, bevor Sie ihn wieder gießen. Beobachten Sie ihn zwei bis drei Tage und prüfen Sie dann, ob Sie noch weitere „Rostflecken“ finden, die Sie entfernen müssen.

Mehltau

Der Mehltau ist ein weißer Pilz, der sehr hartnäckig und produktiv ist. Da es viele Arten von diesem Pilz gibt, können Sie sicher sein, dass nicht nur einer Ihrer Bonsais befallen ist. Zwar ist der Mehltau nicht wirklich schädlich, allerdings ist der Befall für den Bonsai durchaus stressig, was wiederum dafür sorgt, dass er, wie wir Menschen auch bei starkem Stress, anfälliger für andere Erkrankungen und Schädlinge ist.

Entfernen Sie die befallenen Teile so, dass diese am besten in einen Behälter fallen, bevor sie andere Teile des Baumes oder das Erdreich berühren können, nutzen Sie ein handelsübliches Fungizid und beobachten Sie Ihren Bonsai wenige Tage, ob sich weitere Stellen erkennen lassen, bevor Sie ihn wieder gießen. Bei einem Befall durch Mehltau kann auch Wind helfen, sorgen Sie also für eine ausreichende Luftzirkulation, damit die Sporen weiterfliegen, und düngen Sie erst, wenn Sie sich sicher sind, dass der Mehltau vollständig von Ihrer Pflanze entfernt wurde.

Wurzelfäule

Kommt es zur Wurzelfäule, handelt es sich meist um einen Haltungsfehler bezüglich der Bewässerung. Wenn Staunässe herrscht oder die Drainage nicht richtig funktioniert, findet dieser Pilz einen Weg in die Wurzeln Ihres Kunstwerks und sorgt dafür, dass diese faulen und absterben. Entdecken Sie diese Erkrankung zu spät, ist der Schaden an den Wurzeln irreparabel. Um Ihren Bonsai von dieser Krankheit zu heilen, müssen Sie ihn umtopfen; dabei sollten Sie die Erde vollständig entfernen und entsorgen. Ebenso ist es wichtig, dass Sie alle Wurzeln entfernen, die von der Fäule betroffen sind. Spülen Sie die anderen Wurzeln gründlich ab, um die restliche Erde zu entfernen, und setzen Sie Ihren Bonsai in frische Erde. Anschließend sollten Sie Ihren Baum genau beobachten, da nun die Wurzeln mehr Arbeit leisten müssen, um die Krone mit Nährstoffen zu versorgen. Nach einigen Tagen können Sie entsprechend mit einem phosphatreichen Dünger das Wurzelwerk unterstützen.

Schäden an den Ästen und Zweigen

Sofern Sie keinen sonnenhungrigen Nadelbaum in den Schatten gestellt haben, sterben Äste und Zweige erst dann, wenn diese entweder durch Bruch oder Schnitt stark beschädigt sind oder wenn Ihr Baum an einer der bisher beschriebenen Erkrankungen leidet.

Beschädigte, verfärbte oder trockene Blätter

Einige Baumarten sind sehr zäh, sodass deren Blätter erst dann zu verdorren beginnen, wenn es für eine Rettung bereits zu spät ist. Ursachen können dabei sein, dass Sie entweder nicht aufmerksam genug mit der Wasserversorgung waren, dass Sie den Bonsai umgestellt haben und er dabei einen Gegenstand berührt hat, wobei dann die Blätter nur an bestimmten Stellen verletzt wären, oder dass sich Tiere an Ihrem Bonsai zu schaffen gemacht haben. Sollten Sie Haustiere haben, achten Sie also darauf, dass diese sich von Ihrer Züchtung fernhalten.

Zerstörte, verfärbte oder trockene Blattknospen

Diese können bedeuten, dass ein Temperaturwechsel Ihrem Bonsai geschadet hat oder Sie beim Transport mit dem Bonsai irgendwo angeeckt sind. Auch zu starke Sonneneinstrahlung, starker Wind oder mangelhaftes Gießen können die frischen Blätter beschädigen.

TRAINING – DEN BONSAI SCHNEIDEN

Die Bearbeitung eines Bonsais, sodass dieser die von Ihnen gewünschte Form annimmt, nennt man Training. Sie beginnen mit einem jungen Setzling oder Samen, den Sie dann mittels verschiedener Techniken dazu bringen, seinen Stamm, die Äste, die Wurzeln und die Blätter oder Nadeln in die von Ihnen gewünschte Form, Größe und Richtung zu befördern. Die Prinzipien zur Gestaltung und Präsentation haben Sie bereits kennengelernt; nun möchte ich Ihnen erklären, wie Sie diese Gestaltung vornehmen können. Bei allen Maßnahmen ist Ihre Konzentration gefragt, nehmen Sie sich daher stets genügend Zeit dafür, damit Sie nicht in Eile einen Fehler machen, der sich nicht wieder korrigieren lässt. Genießen Sie die Zeit, die Sie damit verbringen, mit einem Lebewesen zu arbeiten, und bringen Sie diesem den verdienten Respekt entgegen.

Wartungsschnitt – Eda-Nuki

Der Wartungsschnitt findet meist zu Beginn der Wachstumsphase, also im Frühling, statt. Zu dieser Zeit ist es am besten, da Sie bereits Blatt- und Blütenknospen sehen können. Diese können Sie dann bereits abtrennen, wenn Sie wissen, dass Sie diese an der Stelle nicht wünschen. Auch können Sie zu diesem Zeitpunkt Äste und große Blätter entfernen, die Sie nicht wünschen, die beschädigt sind oder die die Form Ihrer Krone etwas beschädigen. Einen weiteren Wartungsschnitt können Sie im Spätsommer vornehmen, sollten Äste weiterhin aus der Krone ausbrechen. Falls Ihr Bonsai anschließend immer noch zu viele Blätter und/oder zu lange Äste aufweist, können Sie im Spätherbst einen weiteren Wartungsschnitt vornehmen.

Wichtig ist, dass Ihre Geräte scharf und gut gepflegt sind, damit Sie die Baumteile nicht abreißen, sondern sauber abtrennen, um starke Narbenbildung zu vermeiden. Ebenso sollten Sie alle Schnitte mit Alkohol oder einer 0,3-prozentigen Lösung Wasserstoffperoxid desinfizieren, damit diese nicht noch angreifbarer für Keime und Infektionen sind.

Das Abtrennen der Blätter wird im Fachjargon mit Folieren bezeichnet und ist notwendig, damit die Blätter nicht zu groß werden. Geschieht dies, ist das Erscheinungsbild Ihres Bonsais unverhältnismäßig. Dementsprechend sollten Sie regelmäßig bei der Wartung Ihres Bonsais die großen Blätter abtrennen, damit neue, kleine Blätter nachwachsen und Ihr Bonsai wieder zusammenpassend aussieht. Auch ist es wichtig, Ihren Bonsai regelmäßig zu beschneiden, damit dieser seine kleine Form im Allgemeinen behält.

Durch das Zuschneiden entstehen Narben am Baum. Besonders, wenn Ihr Bonsai bisher noch sehr jung aussieht, können diese – wenn sie richtig platziert sind – eine künstliche Alterung herbeiführen, die von vielen Bonsaizüchtern gewünscht sind. Wenn Sie diese nicht wünschen, können Sie die Blätter und kleineren Äste mithilfe zweier Finger zusammenkneifen und sorgsam abdrehen. Auf diese Weise bildet sich eine nahezu unsichtbare Narbe.

Achten Sie beim Beschneiden stets darauf, nur maximal ein Drittel der Blätter und der Äste zu beschneiden. Dies erklärt, warum die Regelmäßigkeit so notwendig ist: Wenn Sie die Beschneidung nicht regelmäßig vornehmen, wird es sehr bald notwendig sein, sehr viel zu beschneiden, was der Bonsai dann nur schwer kompensieren kann. Oftmals findet der große Wartungsschnitt bei Wachstumsbeginn im Frühjahr statt, da zu diesem Zeitpunkt eine Anregung des Wachstums stattfindet, sodass der Baum direkt neue Äste und Blätter wachsen lässt. Die Schnitte in Sommer und Herbst können Sie als Nachbearbeitung betrachten. Zusätzlich werden Bonsais häufig im Frühjahr umgetopft, wobei auch eine Wurzelbeschneidung durchgeführt wird. Lesen Sie dazu mehr im späteren Abschnitt.

Hinweis: Das Zuschneiden bei Nadelbäumen, besonders das Abtrennen der Nadeln, hinterlässt trockene, braune Stellen, die nicht gut aussehen. Nutzen Sie daher bei diesen Baumarten Ihre Finger mit der zuvor beschriebenen Kneif-Methode.

Das Zuschneiden der Form – Sentei

Während Sie die Beschneidung Ihres Bonsais vornehmen, achten Sie darauf, dass Sie die entsprechende Form wahren, die zu dem von Ihnen gewählten Stil passt. Hierbei ist es besonders hilfreich, wenn Sie dazu einige Schritte Abstand zu Ihrem Kunstwerk nehmen und dieses genau betrachten. Dabei sollte jede Seite berücksichtigt werden und das jedes Mal auf Augenhöhe, da Ihr Bonsai auch in dieser Höhe präsentiert werden sollte.

Entfernen Sie dann alle Pflanzenteile, die Ihrem Bonsai nicht zu der Optik verhelfen, die Sie sich wünschen, und denken Sie anschließend ebenfalls an die Desinfektion der Schnittstellen. Bei einigen Stilen ist es einfach zu erkennen, welche Äste benötigt werden und welche nicht, beispielsweise, wenn Sie die Äste in eine Stufenform bringen möchten. In diesem Fall entfernen Sie den untersten Ast auf einer Seite, anschließend den zweiten Ast auf der gegenüberliegenden Seite und dann immer so weiter.

Bei anderen Stilen, beispielsweise, wenn Sie mehrere Stämme haben, deren Äste eine gemeinsame Krone ergeben, kann es schwieriger sein, den richtigen Ast zu entfernen. Daher ist es wichtig, dass Sie den Abstand wahren und gründlich überlegen, an welcher Stelle das Blattwerk dichter sein soll und an welcher Stelle eine kleine Lücke optisch gut wirken würde. Bedenken Sie dabei, dass Sie einen Ast, den Sie abgetrennt haben, nicht wieder anbringen können und er auch an dieser Stelle nicht mehr nachwachsen wird. Es gibt zwar Möglichkeiten, Äste wieder an einem Baum anzubringen, wie Sie im folgenden Abschnitt sehen werden, aber das Pfropfen bietet Ihnen keine Garantie und bedarf sehr viel Aufmerksamkeit und Können.

Technisch betrachtet ist das Zuschneiden der Form somit für Sie keine neue Technik, allerdings geht es hierbei auch darum, abzuschätzen, welche Äste Sie vielleicht in anderer Form noch brauchen können. Somit denken Sie darüber nach, ob möglicherweise die Verdrahtung eines Astes Ihrem Bonsai ein besseres Aussehen verleihen kann, als wenn Sie diesen Ast abtrennen. Sofern Sie große, dicke Äste abtrennen müssen, nutzen Sie entweder ein konkaves Schneidewerkzeug oder eine Astsäge, desinfizieren Sie anschließend die Wunde und versorgen Sie sie mit Wundpaste aus dem Bonsai-Fachhandel, um die Narbenbildung besonders gering zu halten und damit sich die Wunde schnellstmöglich schließt und keine Angriffsfläche für Sporen oder Schädlinge bildet.

Hinweis: Merken Sie sich gut, wo Sie Äste abgetrennt haben. Diese Information kann Ihnen helfen, Löcher in der Rinde zu identifizieren, die von holzfressenden Insekten herrühren.

Pfropfen – Tsugiki

Das Pfropfen ist eine Technik für fortgeschrittene Züchter mit mehreren Bonsais derselben Art. Hierbei geht es darum, dass der Zweig eines Baumes an einem anderen befestigt wird. Dies ist nicht nur motorisch für Sie eine Herausforderung, sondern auch gesundheitlich für Ihren Bonsai, weshalb Sie diese Technik nur dann anwenden sollten, wenn sich Ihr Bonsai bester Gesundheit erfreut.

Warten Sie daher nach dem Umtopfen und Beschneiden circa sechs Wochen ab, bevor Sie das Pfropfen durchführen, oder machen Sie es in dem Sommer, in dem Sie Ihr Kunstwerk nicht umtopfen. Falls Sie jährlich umtopfen und dennoch pfropfen möchten, topfen Sie Ihren Bonsai direkt um, wenn die ersten Frühlingstage beginnen, damit Sie noch während der Wachstumsphase im späten Frühling oder Frühsommer mit dem Pfropfen beginnen können. Kiefern bilden hierbei die Ausnahme, da diese bereits im Winter gepfropft werden.

Eine wichtige Information für Sie ist, dass Sie ausschließlich Pflanzenteile gleicher Art zusammenpfropfen können. Eine Kreuzung aus unterschiedlichen Arten, wie beispielsweise einer Pinie und einer Kiefer, ist nicht möglich, damit schaden Sie Ihrem Bonsai lediglich, da Sie ihm eine große Wunde zufügen, die nur sehr schwer abheilen wird, weil Sie einen anderen Zweig darauf setzen. Diese Technik kann Ihnen helfen, wenn Sie einen besonderen Zweig an einer Pflanze entdecken, der wunderbar zu Ihrem gewählten Stil passen könnte. Besonders bei verdrehten Stilen kann es dazu kommen, dass das Verdrahten für Ungeübte nicht die richtigen Ergebnisse erzielt. Wenn dann zufällig eine andere Pflanze einen Ast hat, der die Voraus–setzungen mitbringt, die Sie sich wünschen, dann ist das Pfropfen eine gute Möglichkeit, recht einfach, aber mit viel Aufwand und anschließender Geduld an Ihr Wunschergebnis zu gelangen. Sie können auch versuchen, einen Ast Ihres Bonsais an anderer Stelle anzupfropfen, falls Sie dies näher zu Ihrem gewünschten Ziel bringt.

Hinweis: Wenn Sie planen, zwei Pflanzenteile zusammenzupfropfen, achten Sie darauf, dass die Bäume im vorangehenden Winter keinen Frostschaden nehmen, und decken Sie diese ab oder stellen Sie sie geschützt an einem kalten Ort unter, damit die Pflanzen dennoch einen Winter erleben.

Es wird zwischen zwei Arten des Pfropfens unterschieden: das sogenannte Seitenpfropfen und das Spitzenpfropfen. Diese beiden unterscheiden sich darin, dass beim Seitenpfropfen Äste oder sogar Wurzeln zweier Bäume zusammengebracht werden, beim Spitzenpfropfen hingegen wird ein Pflanzenteil auf einen anderen gesetzt, um beispielsweise bei einem der mehrstämmigen Stile einen weiteren Stamm auf den Wurzelansatz zu pflanzen.

Für das Seitenpfropfen benötigen Sie ein sehr scharfes Messer, welches Sie am besten ausschließlich für Ihre Arbeit an den Bonsais nutzen und ebenfalls nach dem Gebrauch desinfizieren. Bevor Sie die Rinde Ihres Bonsais einschneiden, prüfen Sie, in welche Richtung der neue Zweig oder die neue Wurzel anwachsen soll, damit Sie das Pfropfen gleich in der richtigen Position machen – der Pfropf wird so anwachsen, wie Sie ihn anbringen.

Nun tätigen Sie einen Schnitt von etwa 10 mm Länge schräg in die Baumrinde, den Sie möglichst flach halten, um das innere Holz Ihres Baumes nicht zu verletzen. Anschließend schneiden Sie den Reis, also den anzubringenden Pflanzenteil ebenso lang und schräg an, auf der Rückseite machen Sie einen etwas kürzeren Schnitt, sodass der Keim spitz zuläuft.

Die Länge dieses Stückes sollte insgesamt nicht länger als 8 cm sein. Wichtig ist, dass eine einfache Anbringung mit Draht oder Pflanzenband ausreicht, um das Gewicht des neuen Teils zu halten, bis dieses sich selbst tragen kann.

Bringen Sie die Schnitte nun genau übereinander und achten Sie darauf, dass Sie keinen der beiden offenen Schnitte berühren, um eine Kontamination der Schnittwunden zu vermeiden. Am besten eignet sich ein Gewebeband, um die beiden Teile zusammenzubinden, aber auch mit Draht können Sie gute Ergebnisse erzielen. Es ist sicherer, wenn Sie etwas Watte oder Moosgummi unter den Draht legen, damit dieser nicht an den dünnen Stellen der Schnitte einschneidet.

Binden Sie den Draht nun mehrfach fest genug um die Schnittstellen, aber locker genug, dass der Bonsai an dieser Stelle noch einige Zeit wachsen kann, ohne dass der Draht einschneidet und die Nährstoff- und Wasserzufuhr einschränkt.

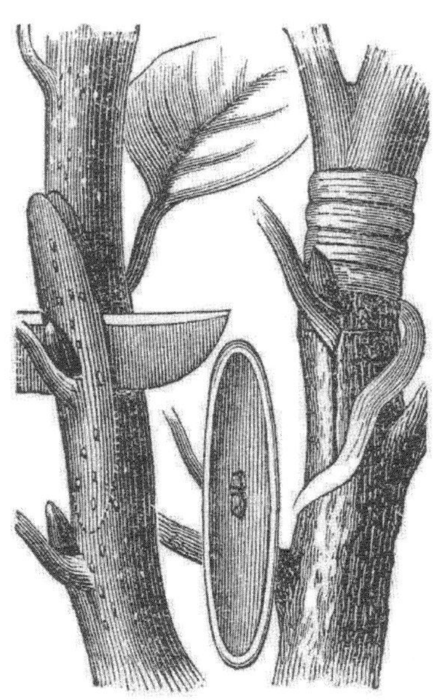

Der Draht sollte für etwa ein Jahr an Ihrem Bonsai bleiben. Stellen Sie in der Zwischenzeit fest, dass dieser doch einschneidet, lösen Sie ihn vorsichtig, während Sie die zusammengefügten Pflanzenteile fest zusammenhalten. Wickeln Sie dann neuen Draht um den Bonsai, der die Sicherung der Teile für die nächsten Monate gewährleistet. Direkt nach dem Pfropfen düngen Sie die gebende und die nehmende Pflanze ausreichend.

Richtig drahten – Harikanegate

Die Verdrahtung ist eine Technik zur Formung Ihres Bonsais. Diese benötigt einiges an Fachkenntnissen, Übung und viel Geduld. Wie Sie später im Abschnitt über Werkzeuge sehen werden, benötigen Sie in jedem Fall eine Drahtschere. Damit können Sie den Draht später entfernen, ohne dem Bonsai Schaden zuzufügen. Auch ist das Abschneiden des Drahtes von der Drahtrolle nicht besonders leicht und sollte daher mit speziellem Werkzeug gemacht werden, da Sie so sich und Ihre übrigen Werkzeuge vor Schaden bewahren.

Den Draht selbst können Sie im Grunde genommen frei wählen. Allerdings sollte der Draht in etwa ein Drittel des Durchmessers haben, den der Teil des Bonsais hat, den Sie verdrahten wollen. Weiterhin ist es ratsam, eloxierten Draht zu nutzen, für den Anfang gern aus Aluminium. Aluminium ist leichter zu bearbeiten als beispielsweise Kupfer. Weiterhin ist das Eloxieren, also das Veredeln des Metalls, ein Garant dafür, dass der Draht nicht rostet und so dem Baum weiteren Schaden zufügt oder sich vorzeitig löst. Insgesamt gibt es den Draht in Stärken zwischen einem und acht mm. Besonders dann, wenn Sie einen sehr jungen Bonsai haben, werden Sie zu Beginn keinen Draht benötigen, der stärker als vier mm ist. Am besten besorgen Sie sich vier verschiedene Stärken, so etwa 1, 2, 3 und 4 mm Stärke für den Anfang, wobei Sie auch Zwischenstufen im Millimeterbereich wählen können.

Vielleicht denken Sie nun, dass Sie mit jeder Drahtstärke Ihr Ziel erreichen können – das ist fast richtig, allerdings ist es nicht gut für Ihren Bonsai, wenn Sie nur mit einer Drahtstärke alle Teile des Baumes verdrahten. Bedenken Sie dabei, dass Sie mit einem zu dünnen Draht wesentlich öfter um den Ast, Zweig oder Stamm herumwickeln müssen, damit der Draht seine Aufgabe tatsächlich erfüllen kann. Immerhin soll die Verdrahtung gegen die Natur arbeiten, die größte Kraft, die es auf unserem Planeten gibt. Durch mehr Windungen ist die Gefahr größer, dass Sie Zweige und Blätter beschädigen.

Nutzen Sie jedoch beispielsweise stets einen zu starken Draht, besteht die Gefahr, dass Sie den Baum schwer beschädigen, da der Draht zu viel Druck auf den Bonsai ausübt und schwere Schäden verursachen kann. Mit einem dicken Draht ist es zwar leichter, einen Teil des Baumes in die gewünschte Richtung zu biegen, allerdings besteht so auch die Gefahr, dass Sie diesen Teil stärker biegen, als es für den Baum erträglich ist. Nutzen Sie daher unterschiedliche Drahtstärken.

Sie müssen einen Baum nicht verdrahten, wenn er von selbst so wächst, wie Sie es sich wünschen. Allerdings ist es bei einigen Stilen unabdingbar, da Sie die Witterungsverhältnisse nicht oder nur sehr schwer und zeitintensiv nachstellen können, ohne den Bonsai zu beschädigen. Somit ist bei Stilen, die nicht streng oder frei aufrecht sind, eine Verdrahtung meist unerlässlich. Mithilfe des Drahtes können Sie dem Baum sanft die gewünschte Form und Wuchsrichtung aufzwingen – sowohl bei Ästen und Zweigen als auch beim Stamm. Weiterhin können Sie die Verdrahtung nutzen, um Zweige so zu biegen, dass diese Hohlräume im Blattwerk ausfüllen oder freigeben. Das kann beispielsweise dann helfen, wenn Ihre Baumkrone nicht so kompakt aussieht, wie Sie es wünschen, oder wenn Sie gern eine lichte Krone hätten, die Zweige Ihres Bonsais aber dicht zusammenwachsen und eine Beschneidung zu viel Blattwerk entfernen würde.

Grundsätzlich wird die Verdrahtung vorgenommen, nachdem Sie Ihren Bonsai beschnitten haben. Bevor Sie jedoch das lebende Objekt bearbeiten, sollten Sie entweder an einem toten Baum oder an Pflanzen üben, bei denen es für Sie nicht so schlimm ist, wenn diese Schaden nehmen. Bei der Verdrahtung wird ein Teil des Baumes so gebogen, dass unter der Rinde diverse kleine Risse entstehen. Übt man die Verdrahtung nicht, kann es dazu kommen, dass Äste brechen oder die Verletzungen des Baumes zu groß werden, als dass diese wieder richtig heilen könnten.

Sofern Sie das Verdrahten bereits beherrschen, liegt die größte Schwierigkeit darin, Geduld zu bewahren; bis der Bonsai ohne den Draht die gewünschte Form beibehält, dauert es mehrere Monate. In dieser Zeit ist es notwendig, dass Sie die Verdrahtung wöchentlich überprüfen. Immerhin wächst der Baum nicht nur in die Höhe, sondern auch der Stamm und die Äste nehmen an Umfang zu. Geschieht dies, wird Ihr Draht mit der Zeit einschneiden und unschöne Narben und Male am Bonsai hinterlassen. Sie können daher gern vor der Verdrahtung einmal Maß nehmen und die Dicke des zu verdrahtenden Baumteils messen. Wenn Sie dann regelmäßig messen, werden Sie rechtzeitig bemerken, wenn der Umfang sich so weit erhöht, dass der Draht erneuert werden muss.

Der Teil des Bonsais, den Sie verdrahten möchten, sollte nicht verholzt sein. Wenn Sie also einen dickeren Ast verdrahten möchten, nehmen Sie sich einen Bereich im äußeren Teil des Astes. Dieser sollte noch biegsam sein. Ist ein Ast nicht mehr biegbar, ist die Verdrahtung stark erschwert und sollte unterbleiben, um das Risiko eines irreversiblen Schadens zu vermeiden. Ebenso sollten Sie mit dem Stamm Ihres Bonsais verfahren.

Falls Sie eine besonders starke Veränderung wünschen, ist es sehr wahrscheinlich, dass mehrere Verdrahtungen in Etappen notwendig sind. Bei einer Verdrahtung wird ein Teil des Baumes so weit gebogen, dass unter der Rinde zahlreiche kleine Risse entstehen. Diese füllt der Baum während der Wachstumsphase auf, sodass der verdrahtete Teil dann in der Position weiterwächst, die Sie für ihn auserwählt haben. Wird der Ast oder Zweig jedoch zu stark gebogen, entstehen größere Risse, die der Baum nur noch schwer heilen kann. Es besteht die große Gefahr, dass andere Teile des Baumes hinter der Verdrahtung nicht mehr mit Nährstoffen versorgt werden können und absterben. Daher ist es von großer Bedeutung, dass Sie bei der Verdrahtung mit viel Feingefühl vorgehen.

Wenn Sie mit dem Verdrahten beginnen, ist es wichtig, dass Sie keine Zweige oder Blätter mit dem Draht umwickeln. Diese würden unkontrolliert abbrechen oder eine unerwünschte Wuchsrichtung einschlagen. Achten Sie daher darauf, dass Sie beim Verdrahten nur den Ast oder Zweig tangieren, nicht jedoch Blattwuchs oder andere Baumteile. Sollte dies unmöglich sein, entfernen Sie die betroffenen Teile mittels Beschneidung in einem kontrollierten Vorgang. Auf diese Weise verhindern Sie unerwünschte Ergebnisse und stärkere Schäden. Ebenso sollten Sie sich vor dem endgültigen Verdrahten darüber im Klaren sein, wohin Sie den Ast biegen möchten. Diese Entscheidung sollte getroffen und nach der Durchführung nicht mehr verändert werden. Der Grund dafür ist einfach: Je öfter Sie einen Ast oder Zweig biegen, desto mehr Schäden fügen Sie diesem zu. Dementsprechend sollten Sie jeden Teil Ihres Bonsais nur einmal verdrahten.

Nun beginnt das eigentliche Wickeln. Halten Sie den Ast oder Zweig an den Seiten zwischen Daumen und Zeigefinger fest, während Sie ab dem Ursprung des zu verdrahtenden Teils beginnen, den Draht um den Ast oder Zweig zu wickeln. Biegen Sie dabei den Teil Ihres Bonsais noch nicht in irgendeine Richtung. Binden Sie das Ende des Drahtes wenigstens zweimal in einem etwa 45°-Winkel um die von Ihnen gewählte Stelle. Achten Sie dabei darauf, dass der Draht nicht zu fest ist, aber fest genug, um den Ast oder Stamm zu halten.

Der Winkel ist wichtig, da sich herausgestellt hat, dass diese Anordnung den Baum am wenigsten in seinem Wachstum einschränkt. Nutzen Sie einen anderen Winkel, ist es sehr wahrscheinlich, dass Sie den Baum eher abbinden als drahten und ihm somit einen Teil der Wasserversorgung abschneiden. Setzen Sie die Windungen in einem möglichst gleichmäßigen Abstand um den Ast oder Zweig, damit die Verdrahtung keine ungewünschten Windungen hervorruft. Der Zweck der Verdrahtung ist es, dem zu verbiegenden Baumteil eine Art Exoskelett zu geben. Sie umwickeln dementsprechend so oft, dass der Ast oder Zweig so weit verdrahtet ist, dass Sie den kompletten gewünschten Teil mit Draht versehen haben. Biegen Sie dann den Teil des Baumes vorsichtig in die vorgesehene

Position – oder in die nächstmögliche Position, falls eine starke Veränderung in Etappen gewünscht ist.

Sollte Ihre Verdrahtung anfangs nicht so stabil sein, können Sie das Ende des Drahts um den Stamm oder um einen anderen Ast binden, um auf diese Weise die Position des verdrahteten Parts zu fixieren. Binden Sie dazu einfach das Ende des Drahtes zwei oder dreimal im bekannten Winkel um den Referenzpunkt an Stamm oder Ast.

Sofern Sie direkt zwei nahezu parallel laufende Äste oder Zweige in ein und dieselbe Richtung biegen möchten, können Sie diese direkt gemeinsam verdrahten. Verbinden Sie dazu die erste Verdrahtung mit der zweiten, indem Sie den zweiten Draht vorsichtig durch eine der Windungen der ersten Bahn geben. Am besten ist es, wenn Sie die Windung nutzen, die dem zweiten Ast oder Zweig nächstgelegen ist. Durch die Verbindung beider Verdrahtungen ist es eher möglich, beide in die gleiche Richtung zu bringen.

Achten Sie darauf, dass die Enden des Drahtes etwas von Ihrem Bonsai abstehen, damit sich das spitze Ende nicht in die Rinde oder tiefer bohrt. Die entstehenden Narben würden Ihren Baum zwar künstlich altern lassen, allerdings sind die Wunden vielleicht nicht gemäß Ihrem Wunsch positioniert. Weiterhin können Sie an besonders empfindlichen, beispielsweise über frisch beschnittenen, Stellen etwas Watte oder Moosgummi anbringen, bevor Sie den Draht darüber wickeln. Auf diese Weise schützen Sie Ihren Bonsai.

Da die Verdrahtung im Frühjahr nach dem Beschneiden stattfindet, lassen Sie diese für circa sechs Monate, also bis in den Herbst hinein, an Ort und Stelle. Tauschen Sie diese lediglich aus, wenn der Draht damit beginnt, im Baum einzuschneiden. Dann entfernen Sie den Draht mit einer Drahtschere, wobei Sie jede Windung einzeln durchtrennen. So verhindern Sie eine Beschädigung Ihres Bonsais.

Erneuern Sie die Verdrahtung anschließend mit einem entsprechend dickeren Draht und achten Sie darauf, dieselbe Position bei der neuen Verdrahtung herzustellen. Nach circa einem halben Jahr und durch die gesamte Wachstumsphase hindurch hat der Bonsai sich meist so weit regeneriert, dass er die Position der Verdrahtung selbstständig beibehält und in diese Richtung weiterwächst. Sollte das nicht der Fall sein, erneuern Sie die Verdrahtung und behalten Sie diese auch über den Winter bei. Prüfen Sie jedoch auch hier regelmäßig, dass der Draht nicht einschneidet.

Sofern der Baum aktuell krank oder durch Frost oder Schädlinge beschädigt ist, wird die Verdrahtung dem Baum schaden und Sie werden keine Freude daran haben. Warten Sie in dieser Zeit mit dem Verdrahten ab, bis Ihr Bonsai wieder vollständig genesen ist. Es ist zwar möglich, dass im folgenden Jahr die Verdrahtung nicht mehr so möglich ist, wie Sie es eigentlich wünschen, aber die Gesundheit Ihres Bonsais sollte in jedem Fall Vorrang vor Ihrem Vorhaben bekommen.

Hinweis: Sie können einen Bonsai im Grunde genommen zu jeder Jahreszeit verdrahten. Einfacher ist es jedoch, diese Tätigkeit Ende des Winters, zu Frühlingsbeginn oder in den noch warmen, frühen Herbsttagen durchzuführen, da zu dieser Zeit die Blätter noch nicht vollständig gesprossen sind und Sie besser sehen können, wo Sie verdrahten.

Als Faustregel können Sie sich je nach Baumart merken: Nehmen Sie die Verdrahtung vor, wenn der Baum kurz vor oder in der Wachstumsphase ist. Verdrahten Sie daher einheimische Arten nicht mitten im Winter, damit schaden Sie Ihrem Bonsai. Tropische und subtropische Arten hingegen haben keine Winterruhe, daher können Sie diese jederzeit verdrahten. Sofern Sie recht spät im Jahr verdrahten oder unerwartete, kalte Temperaturen auftreten, schützen Sie den frisch verdrahteten Bonsai vor den Frostschäden. Der Baum kann durch die Kälte die Nährstoffe und Flüssigkeit nicht an den kleinen Blessuren vorbei befördern, die durch das Verdrahten entstanden sind.

Air Layering – „Luftschichten" – Toriki

Das Air Layering, dürftig mit „Luftschichten" übersetzt, ist eine Methode, um Pflanzen dazu zu bringen, Wurzeln zu schlagen. Diese altchinesische Technik wurde mittlerweile verfeinert und dient dazu, Pflanzen, denen es schwerfällt, neue Wurzeln zu schlagen, zu helfen. Die Methode ist für Fortgeschrittene, dennoch möchte ich Ihnen diese nicht vorenthalten, da ich Ihnen auch die schwierigeren Stile vorgestellt habe. Für einige dieser Stile ist das Luftschichten brauchbar, beispielsweise für den Ikadabuki-Stil, bei dem einige Äste neue Wurzeln schlagen müssen, um den Floss-Stil richtig ausführen zu können.

Diese Technik hat zwei unterschiedliche Ansätze, die bei verschiedenen Baumarten angewendet werden können. Grundsätzlich funktioniert das Luftschichten jedoch so, dass Sie einen Baum absichtlich und gezielt an der Rinde verletzen, diesen nun offenen Teil des Baumes mithilfe von Verdrahtung in die Erde biegen und ihn dort Wurzeln schlagen lassen; Sie merken bereits, dass es sich um eine aufwendigere Praktik handelt. Ursprünglich wurde diese Technik genutzt, um neue Triebe einer Pflanze zu züchten. Die Wurzeln wurden oberirdisch angezüchtet, dann wurde der Ast oder Zweig von der Pflanze abgetrennt und separat eingepflanzt.

Wichtig ist, dass Sie nur die äußere Rinde entfernen und das Holz des Baumes nicht verletzen. Entgegen der landläufigen Meinung ist die Rinde nicht zum Transport von Wasser oder Nährstoffen wichtig. Sie besitzt zwar die Funktion unserer Haut und soll die inneren Schichten des Baumes schützen, sie hat allerdings nicht die diffundierenden Eigenschaften unserer Haut; die Rinde schützt den Baum also hauptsächlich vor Krankheiten, daher ist es von besonderer Bedeutung, dass Sie diese Technik nur anwenden, wenn Ihr Bonsai absolut gesund ist.

Die soeben angesprochenen zwei Methoden sind einmal die Drehtür (Tourniquet)-Methode und die Ring-Methode. Bei der Ring-Methode geht es darum, um den Ast, Zweig oder Stamm herum einen Ring der Rinde zu entfernen. Anschließend legen Sie am besten etwas Moos um die Stelle. Achten Sie dabei darauf, dass keinerlei Schädlinge in dem Moos sind. Umwickeln Sie anschließend das Moss mit Folie und warten Sie vier bis zwölf Wochen. Die neuen Wurzeln wachsen durch das Moos hindurch und zeigen sich an der Folie. Wenn es soweit ist, können Sie den Ast verdrahten und in die Erde einführen, sollte dies Ihr Vorhaben gewesen sein. Andernfalls ist dies auch eine Möglichkeit, oberirdische Wurzeln zu züchten, sofern das für den von Ihnen gewählten Stil notwendig ist. Ahorn, Azalee, Kiefer, Ulme und Wacholder sind die Baumarten, bei denen diese Methode am sichersten ist.

Die zweite Methode, die Drehtür-Methode, ist etwas weniger aufwendig, eignet sich jedoch besser bei schwer zu handhabenden und langsam Wurzel-bildenden Baumarten wie Ginkgo oder Ficus. Hierbei binden Sie unterhalb der Stelle den Teil des Baumes ab, an dem Sie neue Wurzeln wünschen. Nutzen Sie dazu einen recht kräftigen Draht und wickeln Sie diesen fest herum. Sobald der Baum zu wachsen beginnt, wird die Nährstoffzufuhr für den über dem Draht liegenden Teil abgeschnürt und der Baum sieht sich genötigt, neue Wurzeln oberhalb des Drahts zu bilden. Verfahren Sie dann wie bei der Ring-Methode.

Sie können diese Technik auch so nutzen, wie es ursprünglich vorgesehen war und damit Wurzeln an einer Pflanze züchten, um einen weiteren Setzling zu erhalten.

PFLEGE

Sie haben bisher einige Fakten über die nahezu tägliche Pflege und über besondere Ereignisse gelernt. Es gibt noch einige Tipps und Vorgehensweisen, die ebenfalls notwendig sind, um lange Freude an Ihrem Bonsai zu haben. Dazu gehört neben dem Umtopfen auch, dass Sie sich eine gewisse Pflegeroutine angewöhnen, denn auch Ihr Bonsai folgt einer Regelmäßigkeit, die durch seine Natur vorgegeben ist.

Grundsätzlich gibt es für alle Baumarten, die eine Winterruhe benötigen – also weder tropische noch subtropische Arten –, eine gewisse Regelung, wann Sie welche Dinge mit Ihrem Bonsai tun können:

Im Frühling starten Sie die Zucht der Samen, können umtopfen, beschneiden, verdrahten und pfropfen. Dabei sollten Sie darauf achten, dass Sie besonders früh im Jahr anfangen und nicht abwarten, bis der Frühling in voller Blüte steht.

Im Sommer können Sie Ihre tropischen und subtropischen Indoor-Bonsais ins Freie stellen. Auf diese Weise kommen sie in den Genuss einer warmen, angenehmen Luftzirkulation, die Sie so nur schwer in Ihrem Wohnraum nachstellen können.

Auch die Luftfeuchtigkeit ist eine andere. Sofern Sie Ihren Bonsai ohnehin außerhalb des Hauses stehen haben, können Sie diesen im Sommer bis zu dreimal wöchentlich für maximal drei Stunden innerhalb des Hauses ausstellen. Weiterhin sollten Sie darauf achten, dass Ihr Bonsai im Sommer täglich wenigstens vier Stunden direktes Sonnenlicht erhält, sofern keine Erkrankung dies verbietet.

Für den Herbst gilt, dass Sie in dieser Jahreszeit die Menge an Dünger etwas senken. Ihr Bonsai sollte langsam auf den Winter eingestellt werden, was Sie durch die Reduktion der Nährstoffe erreichen können. Besonders bei Laubbäumen aus der westlichen Welt sollten Sie ab Ende August keine Beschneidungen mehr vornehmen.

Laubbäume aus unseren Breitengraden sind empfindlich und wachsen nach dieser Zeit nur noch langsam; somit ist die Heilung der Schnittwunden bis zur Winterruhe nicht mehr garantiert.

Für den Winter sollten Sie bei Temperaturen unter 2 °C einen Ort finden, der Ihren Bonsai ein wenig vor der Witterung und den kalten Temperaturen schützt. Sie können Ihren Bonsai dafür nachts auf den Balkon, in den Keller oder in die Garage stellen, sollten diesen jedoch nicht in Ihren Wohnraum holen, um die Winterruhe nicht zu gefährden. Ist Ihr Bonsai durch Krankheit oder recht frische Verdrahtung geschwächt, schützen Sie diesen in der Nacht mit einer Abdeckung oder indem Sie diesen in einen windgeschützten Raum stellen.

Ebenso sollten Sie jederzeit darauf achten, dass Sie den Bonsai weiterhin gewissenhaft gießen, allerdings darf das Wasser nicht gefrieren. Auch, wenn Sie eventuell glauben, dass Sie Ihren Bonsai im Wohnraum überwintern lassen können, schaden Sie diesem damit, sofern es eine Baumart ist, die Winterruhe benötigt: Bekommt ein Baum keine Winterruhe, geht er ein. Er benötigt diese Zeit als Erholungsphase und kann sich sonst während der langen Wachstumsphase im neuen Jahr keine ausreichenden Kraftreserven zulegen. Gönnen Sie Ihrem Bonsai daher seine von der Natur vorgegebenen Jahreszeiten.

Routine

Neben dem täglichen Prüfen der Notwendigkeit zur Bewässerung gehört es ebenfalls zu Ihren Aufgaben, dass Sie die jährliche Wartungsbeschneidung vornehmen. Selbst dann, wenn das Training Ihres Bonsais bereits abgeschlossen ist und Ihr Bonsai seine endgültige Form erreicht hat, benötigt er dennoch eine gelegentliche Beschneidung, da er weiterwächst. Er ist dazu gemacht, hunderte Jahre alt und mehrere Meter groß zu werden. Ihre Aufgabe nach dem Training besteht darin, ihn in seiner kompakten Form zu halten und seinen Energielevel aufrechtzuerhalten. Gewöhnen Sie sich daher an, täglich nach dem Wasserstand zu sehen, diesen gegebenenfalls zu korrigieren, im Herbst und Winter einmal und in den warmen Jahreszeiten zweimal pro Woche Ihren Bonsai genau auf Anzeichen von Schädlingen und anderen Erkrankungen zu prüfen. Hinzu kommt das jährliche oder zweijährliche Umtopfen, um das Wachstum einzuschränken und die Wurzelgesundheit zu überprüfen.

Sollten Sie Ihren Bonsai in Innenräumen präsentieren wollen, achten Sie darauf, dass Sie dies nicht mehr als zweimal wöchentlich machen. So können Sie sicher sein, dass Ihr Baum keinen Schaden aufgrund der trockenen Luft und fehlenden Witterungsverhältnisse nimmt.

Das Umtopfen

Aus unterschiedlichen Gründen ist das regelmäßige Umtopfen Ihres Bonsais notwendig. Diese Regelmäßigkeit bezieht sich auf circa alle zwei Jahre. Andererseits ist es ebenfalls nach manchen Schädlingsbefällen notwendig, Ihren Baum umzutopfen, um die verkeimte Erde zu erneuern, so eine Fortsetzung der Infektion zu vermeiden und damit das Leben Ihres Bonsais zu gefährden.

Bevor Sie gleich eine Anleitung erhalten, wie Sie Schritt für Schritt vorgehen, um Ihren Bonsai umzutopfen, wollen wir kurz betrachten, was Sie dabei beachten sollten und warum das Umtopfen so wichtig ist:

Neben dem genannten Schädlingsbefall, beispielsweise durch Maikäferlarven, kann auch eine Erkrankung des Baumes das Umtopfen erzwingen, zum Beispiel Wurzelfäule. In diesen Fällen ist es wichtig, dass Sie sichergehen, alle Schädlinge und befallenen Baumteile entfernt zu haben; erst dann ist ein Umsetzen der Pflanze in eine neue Umgebung möglich und sinnvoll.

Sofern Sie jedoch das Glück haben, nicht durch eine Erkrankung den Bonsai umsetzen zu müssen, sollten Sie in etwa jedem zweiten beginnenden Frühling Ihren Bonsai umtopfen, aber auch ein jährliches Umtopfen ist möglich, wenn Ihnen und Ihrem Bonsai dies besser zusagt. Die Gründe dafür sind einfach: Auch die Erde im Bonsaitopf ist irgendwann nicht mehr frisch. Sie selbst merken es vermutlich kaum, aber die Erde hat immer weniger Nährstoffe für den Baum und leitet auch das Wasser und den Dünger nach einiger Zeit kaum noch ausreichend weiter. Außerdem wächst Ihr Baum ständig weiter und es sollten regelmäßig die Wurzeln beschnitten werden, damit diese weiterhin Platz im Topf haben und sich nicht übermäßig verwachsen.

In jedem Fall sollten Sie vor dem Umtopfen für einen oder zwei Tage das Gießen einstellen, damit sich die Erde leichter von den Wurzeln löst. Beim Umtopfen entfernen Sie dann die Erde vollständig von den Wurzeln und der Bonsai erhält einen komplett neuen Nährboden. Die Wurzeln sollen auf diese Weise davon abgehalten werden, sich im Topf so fest zu verankern, dass ein Lösen aus dem Topf nur noch mit Gewalt und sehr wahrscheinlich mit Schäden Ihres Bonsais möglich ist. Sie haben beim Umtopfen ebenfalls die Möglichkeit, einen neuen Topf zu nutzen, der Ihnen vielleicht mittlerweile besser zusagt; Sie können aber auch den alten Topf wieder nutzen. Diesen sollten Sie jedoch gründlich auswaschen und mit Alkohol desinfizieren, bevor Sie den Bonsai wieder hineinsetzen.

Nehmen Sie sich einige Stunden Zeit, um Ihren Bonsai umzutopfen, denn nicht nur das Reinigen und Beschneiden der Wurzeln sollte an diesem Tag erledigt werden, auch sollten Sie das Beschneiden der oberirdischen Baumteile direkt vornehmen. Auf diese Weise entsteht kein Ungleichgewicht zwischen Wurzeln und Zweigen oder Blättern. Wenn die Äste und Blätter beschnitten werden, haben die nach dem Umtopfen bereits reduzierten Wurzeln auch weniger Blattwerk zu versorgen, sodass das Umtopfen etwas weniger stressig für Ihren Liebling ist.

Das Umtopfen selbst sollte kurz vor Beginn der Wachstumsphase, also im späten Winter oder frühen Frühling stattfinden. Auf diese Weise hat Ihr Bonsai die Möglichkeit, besser zu heilen und die abgetrennten Blätter und Zweige durch neue, kleinere zu ersetzen. Achten Sie beim Umtopfen darauf, dass Sie alle beschädigten oder unerwünschten Äste und Blätter entfernen, ebenso die unerwünschten Wurzeln und die alte Erde, damit Ihre Werkzeuge beim Schneiden nicht abstumpfen. Aber lassen Sie uns nun schauen, wie Sie das Umtopfen durchführen können.

Schritt für Schritt: Den Bonsai richtig umtopfen

A. Als Erstes stellen Sie sich am besten alles bereit, was Sie benötigen: Eine Wurzelharke, einen Wurzelschneider, gegebenenfalls eine Astsäge und einen Astschneider, außerdem einen Blattschneider, die notwendige Erdmischung, etwas neues Vlies für die Abflusslöcher in Ihrem Topf, eine Drahtschere, Alkohol zum Reinigen und Desinfizieren, den neuen Topf, eine Sprühflasche mit Regenwasser und eine Gießkanne, ebenfalls gefüllt mit Regenwasser.

B. Beschneiden Sie zuerst den Baum: Trennen Sie zu große, beschädigte oder unerwünschte Blätter und Zweige ab und versorgen Sie die Wunden, wie Sie es bereits gelernt haben.

C. Durchtrennen Sie den Draht, mit dem die Wurzel am Topf befestigt ist, damit Sie diese beim Herausziehen nicht beschädigen.

D. Nun nehmen Sie Ihren Bonsai am unteren Ende des Stammes in die Hand und ziehen diesen sanft aus dem alten Topf. Er sollte sich, da die Erde trocken ist, leicht lösen und so vollständig aus dem Topf entfernt werden können. Schütteln Sie die Erde sanft ab.

E. Beginnen Sie nun damit, die Wurzeln sehr vorsichtig auszukämmen, um eventuelle Käferlarven und die restliche Erde zu befreien, aber auch, um besser sehen zu können, welche Wurzeln Sie entfernen sollten und welche bleiben können.

F. Wenn Sie sich daran machen, die Wurzeln zu beschneiden, sollten Sie zuerst diejenigen abtrennen, die beschädigt sind. Wenn Sie matschige oder braune, dünne Wurzeln sehen, schneiden Sie diese so großzügig wie möglich ab, auch sehr dicke, braune Wurzeln sollten Sie auf etwa ein bis zwei Drittel der Länge kürzen. Insgesamt sollten die Wurzeln im neuen Topf zwischen Rand und Boden etwa 10 mm Abstand haben. Sollten Wurzeln beim Auskämmen beschädigt worden sein, so trennen Sie diese kurz vor der Beschädigung ab, damit der Bonsai keine Kraft aufwenden muss, um den Schaden zu reparieren.

G. Wenn Sie die Wurzeln beschnitten haben, sprühen Sie diese mit dem Regenwasser ein.

H. Bereiten Sie nun den neuen Topf vor oder reinigen und desinfizieren Sie den alten, schneiden Sie wieder das Vlies für die Abflusslöcher zurecht, wie Sie es vom ersten Einsetzen kennen, und befestigen Sie die Hauptwurzel mit Draht an den Abflusslöchern.

I. Schichten Sie nun die von Ihnen gewählte und für den Baum richtige Mischung aus Erde, Sand und gegebenenfalls Steinen hinein, drücken Sie die Erde leicht an und gießen Sie den Bonsai gründlich. Wenn Sie merken, dass die Erde dabei zu weit nachrutscht, geben Sie noch etwas davon hinzu, damit die Wurzeln ausreichend bedeckt sind.

J. Verzichten Sie ab jetzt für mindestens einen Monat auf Dünger, damit sich Ihr Bonsai an die neuen Gegebenheiten gewöhnen kann. Achten Sie auch darauf, dass er nun nicht allzu starken Witterungen ausgesetzt ist. Sollte wider Erwarten erneut Frost einsetzen, schützen Sie ihn, indem Sie ihn in einer Garage oder in einem Kellerraum unterbringen, wo er ebenfalls windgeschützt ist. Noch haben die Wurzeln sich nicht gefestigt und starker Wind kann die Erde abtragen oder Ihren Baum entwurzeln.

Alle benötigten Werkzeuge zur Pflege

Es gibt zahlreiche Werkzeuge, für die Sie eine Menge Geld ausgeben können. Das ist jedoch zumindest zu Beginn Ihrer neuen Freizeitbeschäftigung nicht notwendig. Es ist ratsam, sich zu Beginn ein Basisset zu kaufen oder sich eines selbst zusammenzustellen. Ihr Basisset sollte aus folgenden Komponenten bestehen:

- Ein bis zwei **konkave Schneidewerkzeuge**: Diese werden benötigt, um Äste und Zweige schnell und sauber abzutrennen. Mit diesen Werkzeugen verhindern Sie Narbenbildung und Sie sorgen für eine schnelle Heilung.
- Ein **Drahtschneider**: Mit diesem Werkzeug trennen Sie nicht nur den Draht sauber und schnell von der Drahtrolle ab, sondern Sie können auch nach einer Verdrahtung die Reste vom Bonsai entfernen, ohne dem Baum Schaden zuzufügen.

- Eine oder zwei unterschiedlich große **Pinzetten**: Hiermit können Sie kleinere Pflanzenteile, wie beispielsweise Blatt- oder Blütenknospen, entfernen, ohne den Baum zu beschädigen. Auf diese Weise verhindern Sie, dass Sie die Blüten oder Blätter zu einem späteren Zeitpunkt abtrennen und sich Narben bilden.
- Eine kleine **Astsäge**: Hiermit können Sie größere Äste abtrennen, für die Ihre konkaven Schneidewerkzeuge nicht mehr geeignet sind.
- Zwei **Scheren**: Eine Schere mit kurzer Klinge und langem Griff für die Wurzeln und eine Schere mit langer Schneide und kurzem Griff für Blätter und kleine Äste, die vom Äußeren des Bonsais schwer erreichbar sind.
- Einen **Knopfschneider**: Mit diesem Werkzeug können Sie kleinere Zweige oder Blätter abtrennen oder einfach so kleinere runde Narben in Ihren Bonsai schneiden, um runde Narben zu erzeugen, mit denen Sie Ihren Bonsai künstlich altern lassen können. Wünschen Sie keine Narbenbildung, benutzen Sie bitte die Konkavschneider oder die Pinzetten.
- Eine **Wurzelharke**: Diese ist zwingend notwendig, damit Sie die Wurzeln sanft auseinanderkämmen und reinigen können.
- Ein kleiner **Reisigbesen**: Dieser hilft Ihnen, die Erde im Topf nach dem Beschneiden zu reinigen, ohne die Pflanze zu beschädigen oder die Erde zu entfernen.
- Eine **Sprühflasche**: Diese ist wichtig, damit Sie die Blätter im Allgemeinen und die Wurzeln beim Umtopfen besprühen können. Eine zweite Sprühflasche können Sie nutzen, um Insektizide oder Pestizide zu versprühen, sollte dies nötig werden. Wichtig ist, dass Sie diese ausreichend markieren, um nicht versehentlich eine Sprühflasche zu nutzen, in der giftige oder reizende Stoffe enthalten waren.

• Eine **Gießkanne mit Brause**: Mit diesem Aufsatz erzeugen Sie beim Gießen die Illusion von regen, wenn Sie die Gießkanne auf und ab bewegen. Weiterhin verhindern Sie durch die Verteilung des Wassers, dass Sie mit dem einzelnen Strahl Löcher in die Erde gießen oder das Wasser zu ungleichmäßig im Topf verteilen.

Damit ist die Liste für Ihre Grundausstattung vollständig. Achten Sie darauf, dass Sie vor dem Beschneiden der Wurzeln die Erde gründlich entfernen, da sonst Ihre Geräte schnell abstumpfen. Ebenso sollten Sie die Geräte nach jedem Gebrauch mit Alkohol desinfizieren, damit diese nicht rosten oder versehentlich Schadstoffe, Keime, Sporen oder Schädlinge an den Werkzeugen bestehen bleiben. Geben Sie auch bei der Lagerung acht darauf, dass die Werkzeuge nicht der Witterung ausgesetzt sind. Dazu eignet sich beispielsweise auch ein schönes Lederetui und ein kleines Regal in einer windgeschützten Ecke außen am Haus, in einem Schuppen oder in der Garage.

Geräte und Gegenstände, die Sie sich außerdem gern beschaffen dürfen, sind:

- Eine **Drehplatte**: Diese erleichtert es Ihnen, an dem Bonsai zu arbeiten, da auf diese Weise jeder Teil des Baumes für Sie schneller zu erreichen ist, als ständig den Topf zu drehen.
- **Elektrische Werkzeuge**, wie oben beschrieben: Achten Sie darauf, dass diese in der Intensität verstellbar sind, und üben Sie mit diesen Gerätschaften vorerst an totem Holz, um nicht versehentlich Ihren Bonsai zu schädigen.
- Auch **automatische Bewässerungssysteme** sind möglich, aber sehr kostspielig.
- Weiterhin gibt es die zuvor beschriebenen notwendigen Werkzeuge in zahlreichen Größen und Größenverhältnissen. Zu Beginn reichen Ihnen jedoch die genannten Werkzeuge.
- Auch kleine **Spaten und Schaufeln** können Ihnen die Arbeit beim Umtopfen erleichtern.

Geben Sie bei der Arbeit mit den Werkzeugen, besonders mit elektrischen Geräten, stets auf Ihre Sicherheit acht. Schnell kann beim Abknipsen eines Pflanzenteils der eine oder andere Splitter fliegen, daher ist es sicherer, wenn Sie eine **Schutzbrille und Handschuhe** tragen.

Bonus: Die 10 besten Tipps

Bevor ich Ihnen eine kurze Übersicht über die wichtigsten Punkte der Pflege gebe, möchte ich Ihnen diejenigen Baumarten vorstellen, die sich besonders für Anfänger der Bonsai-Kunst eignen. Dabei werde ich Ihnen jeweils die wichtigsten Fakten über die jeweilige Pflanze übersichtlich darstellen, damit Sie wissen, welche der Baumarten sich für Ihren Bonsai-Stil und Ihr Vorhaben eignet.

Baumart	In-door	Mögliche Stile	Winter-fest?	Besonderheiten
Ahorn	Nein	Alles außer Kaskade und Hokidachi	Bis minus 10 °C	Rötliche Blüten möglich, im Herbst schöne Färbung der Blätter
Azalee	Nein	Alle Stile möglich	Zwischen 10 und 12 °C	Blüten sehr wahrscheinlich, meist pink/rosa.
Banyanfeige	Ja	Alle, besonders die mit sichtbaren Wurzeln	Zwischen 15 und 22 °C	Gehört zu den Ficus-Arten und ist somit sehr pflegeleicht.
Chinesische Ulme	Ja	Alle Stilarten	Bei 0 bis 10 °C	Sehr anfängerfreundlich, schnell dick werdende Äste.
Chinesischer Liguster	Ja	Alle Stilarten	Bei etwa 15 ° C	Sehr anfängerfreundlich
Eibe	Nein	Alle Stilarten	Ja	Keine direkte Sonne
Europäische Lärche	Nein	Alle Stilarten	Wurzelballen muss vor Frost geschützt werden	Kleinere Nadeln bei mehr Lichteinfall

Gardenie	Ja	Einzel- und Mehrfachstamm, frei aufrecht, (Halb-)Kaskade	Nicht unter 15 °C	Creme-farbene Blüten und orangene Früchte möglich.
Gemeiner Wacholder	Nein	Alle Stilarten	Bis minus 10 °C	Schwarze Beeren möglich
Hainbuche	Nein	Alle Stile möglich	Ja	Sehr viel Dünger notwendig
Holzapfel	Nein	Hokidachi, frei aufrecht, Mehrfachstämme	Topf am besten eingraben und windgeschützt stellen	Mit vorhandenem Pollenspender auch Früchte möglich
Jadebaum	Ja	Wälder gut möglich	Zwischen 8 und 22 °C	Kann Dürreperioden gut vertragen.
Junischnee	Ja	Alle Stile möglich	Zwischen 12 und 20 °C	Standortwechsel vermeiden, da Pflanze empfindlich
Kiefern	Nein	Alle Stile möglich	Vollständig, nur Wurzelballen schützen.	Immergrün und lichthungrig

Lorbeerfeige	Ja	Aufgrund der Wuchsart kaum definierte Stile möglich.	Nein, verträgt keine Temperatur unter 15 °C.	Besser bekannt als Ginseng, verträgt Schnitte sehr gut, bereichert Ihre Bonsai-Sammlung in jedem Fall.
Mispeln	Nein	Frei aufrecht und Hokidachi	Bis minus 10 °C	Rosa, rote oder weiße Blüten möglich
Olivenbaum	Ja	Alle Stile möglich	Zwischen 5 und 20 °C	Nur im ersten Jahr Verdrahtung möglich.
Steineibe	Ja	Aufrecht (streng und frei), geneigt, gruppiert oder mit mehreren Stämmen	Zwischen 10 und 20 °C	Sollte im Winter trocken gehalten werden.
Ulmen	Nein	Alle Stile möglich	Am besten im Winter windgeschützt stellen und Topf etwas eingraben.	Hoher Wasserbedarf
Winterlinde	Nein	Sehr biegsam, alle Stile möglich.	Im Schatten ja	Gelbliche Blüten mit anschließender Fruchtbildung möglich.

Nun folgen die 10 wichtigsten Hinweise für eine erfolgreiche Bonsaizucht:

I. Informieren Sie sich gründlich über die Baumart, die Sie auserwählt haben. Nutzen Sie dazu gern diesen Ratgeber oder ziehen Sie den Händler oder die Community zurate. Wie muss ich den Baum wässern? Verträgt er Dürreperioden? Braucht er die volle Sonneneinstrahlung oder reicht Halbschatten? Kann der Baum draußen überwintern oder muss ich ihn schützen? Wann topfe ich am besten um? Wann verdrahte ich? Muss ich Besonderheiten beachten?

II. Wählen Sie den Baum aus, mit dem Sie sich wohlfühlen. Wenn Sie Ihren Bonsai ansehen, sollten Sie ein gutes Bauchgefühl haben, sowohl was die Art betrifft als auch was den Stil anbelangt.

III. Erstellen Sie sich einen Zeitplan, nach dem Sie arbeiten möchten. Erstellen Sie sich eine Erinnerung auf Ihrem Smartphone oder nutzen Sie einen Kalender oder Organizer. Halten Sie darin fest, zu welcher Zeit Sie umtopfen sollten, verdrahten können, Wurzelschnitt und Hauptschnitt machen können und besonders, wann Sie die Hydration überprüfen und Düngemittel nachlegen sollten. Ein handschriftlicher Kalender eignet sich dazu sehr gut, da Sie in diesem auch die Maße Ihres Bonsais hinterlegen können, wie beispielsweise den Umfang der Äste, die Sie verdrahtet haben, um schnellstmöglich gegen Einschnitte reagieren zu können. Tragen Sie hier auch Beobachtungen ein, wenn es Veränderungen an Ihrem Bonsai gibt.

IV. Stellen Sie Ihren Bonsai, wenn es sich um einen Outdoor-Bonsai handelt, nicht mehr als zweimal die Woche für drei Stunden in einen Innenraum.

V. Untersuchen Sie Ihren Bonsai wenigstens einmal wöchentlich in den kalten Monaten und zweimal wöchentlich in den warmen Monaten auf Schäden durch Insekten oder andere Krankheiten. Gern können Sie, um Insekten unter der Rinde zu identifizieren, nach jedem Schnitt Fotos von Ihrem Bonsai machen. Auf diese Weise können Sie im Vergleich mit dem Ist-Zustand genau erkennen, welche Schäden in der Rinde durch Ihre Arbeit entstanden sind und welche nicht.

VI. Achten Sie stets darauf, dass Ihr Bonsai ausreichend Licht erhält, auch in den Wintermonaten. Wenn dies durch natürliche Bedingungen nicht möglich ist, organisieren Sie sich eine Pflanzenlampe, um Ihr Kunstwerk bestmöglich zu versorgen.

VII. Aufgrund der Nähe zu Lebensmitteln sollten Sie Ihren Bonsai nicht in der Küche oder im Esszimmer platzieren. Der beste Standort für Ihren Bonsai, wenn er sich innerhalb des Hauses befindet, ist vor einer neutral gestrichenen Wand im Hauptraum des Hauses, wo er besonders zur Geltung kommt.

VIII. Wenn Sie mehrere Bonsais züchten, überprüfen Sie diese regelmäßig auf Krankheiten und isolieren Sie infizierte Bäume sofort aus der Gruppe.

IX. Präsentieren Sie Ihre Bonsais stets auf Augenhöhe, damit die Perspektive für den Betrachter stimmt, und zeigen Sie bei einem gewundenen Stamm die Biegungen.

X. Erfreuen Sie sich an Ihrem Bonsai. Betrachten Sie ihn regelmäßig, nicht nur zur Überprüfung, sondern auch als Genuss. Es ist Ihr eigenes Kunstwerk.

Fazit

Sie haben nun alle notwendigen Hinweise erhalten, um die meditative Erfahrung mit einem eigenen Bonsai zu erleben. Sie wissen nicht nur um die Tradition und die Idee hinter dieser Kunstform, sondern können anhand der neuen Informationen auch die Wahl treffen, welche Details Ihr Bonsai haben soll, welchen Stil Sie pflegen möchten und welche Pflanze Sie dafür am besten auswählen. Auch können Sie nun, da Ihnen die Grundlagen vorliegen, erweiternde Landschaften oder Bilder konstruieren, um Ihrem Bonsai noch mehr Ausdruck zu verleihen.

Zusätzlich dazu wissen Sie, wie Sie schneiden, düngen und anderweitig pflegen können und müssen, um Ihrem Ziel des für Sie schönen Bonsais näherzukommen. Sie wissen um die Kunst des Drahtens und können dementsprechend Ihre ganz eigene Kreation erschaffen und somit diese uralte Kunstform in Ihrem Stil weiterentwickeln.

Vielleicht gelingt es Ihnen, Ihren Bonsai ebenfalls über mehrere Generationen weiter zu vererben, andere von dieser philosophischen Kunst zu begeistern oder Sie erfreuen sich allein in meditativer Stille an Ihrer Pflanze. Wichtig ist nur, dass Sie Freude daran haben, selbst etwas in dieser Richtung zu kreieren und sich dabei entspannen können. Genießen Sie das Gefühl bei der Pflege Ihres Bonsais. Es liegt an Ihnen, die von Ihnen erwählte Pflanze in einen Ausdruck Ihrer Persönlichkeit zu verwandeln. Je länger Sie sich mit Ihrem Bonsai beschäftigen, desto mehr werden Sie über sich und die Natur lernen und vielleicht auch das eine oder andere Mysterium für sich entdecken.

Ich wünsche Ihnen für Ihren gemeinsamen Weg mit Ihrem neuen Bonsai eine spannende und entspannende Reise und besonders viel Freude!